学ぶ人は、
変えて
ゆく人だ。

目の前にある問題はもちろん、

人生の問いや、

社会の課題を自ら見つけ、

挑み続けるために、人は学ぶ。

「学び」で、

少しずつ世界は変えてゆける。

いつでも、どこでも、誰でも、

学ぶことができる世の中へ。

旺

英熟語ターゲット
1000
[5訂版]
実戦問題集

早稲田大学名誉教授　花本金吾 監修

旺文社

本書の特長と使い方

熟語集に完全対応

本書は、『英熟語ターゲット1000 [5訂版]』(以下，熟語集)に完全対応した問題集で，熟語集掲載の1000の見出し熟語をすべて出題しています。ユニット1〜10は23，ユニット11〜45は22の見出し熟語から出題しており，全45ユニットで1000の見出し熟語を学習できる構成です。

ユニット番号の下側に，扱っている熟語の分類を表記しています。

まずは熟語集で熟語の学習を行い，そのあとに覚えた内容を本書で確認するのがおすすめです。繰り返し問題を解き，熟語をしっかり定着させてください。

構成と使い方

各ユニットとも **Step 1**，**Step 2**，**Step 3**，**Challenge** で構成しています。なお，各ユニットの問題は，指定した範囲の見出し熟語を使って解答するように作っています。

Step 1　見出し熟語の意味

① 英熟語の意味を選ぶ問題

② 日本語の意味を表す英熟語を記述する問題

●見出し熟語の意味がしっかり覚えられているか確認できます。

Step 2　見出し熟語の関連語

同意表現・反意表現を記述する問題

●見出し熟語の同意表現・反意表現を中心に，さらなる語い力アップを目指します。

Step 3　見出し熟語の用法

① 四択問題

② 空所補充，和訳問題

●見出し熟語の使い方を文で確認できます。

※②の選択肢は，大文字で始まる場合も小文字で示しています。

Challenge　入試問題

空所補充問題，整序問題

●2016年〜2020年に実施された大学入試の問題を中心に出題しています。

※英文の一部を改変・省略したもの，出題形式を変更したものも含みます。

※一部の出題では，熟語集の例文と同じ英文を使用しています。

問題編

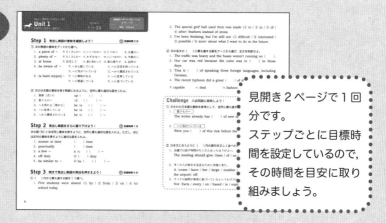

見開き２ページで１回分です。
ステップごとに目標時間を設定しているので，その時間を目安に取り組みましょう。

解答・解説編

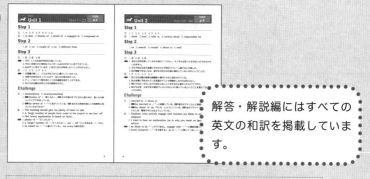

解答・解説編にはすべての英文の和訳を掲載しています。

解説 中の参照番号 [例：(→122)] は熟語集の熟語番号 (ID) を表します。

CONTENTS

本書の特長と使い方 2

Unit 1 （熟語番号 1～23） 6
Unit 2 （熟語番号 24～46） 8
Unit 3 （熟語番号 47～69） 10
Unit 4 （熟語番号 70～92） 12
Unit 5 （熟語番号 93～115） 14
Unit 6 （熟語番号 116～138） 16
Unit 7 （熟語番号 139～161） 18
Unit 8 （熟語番号 162～184） 20
Unit 9 （熟語番号 185～207） 22
Unit 10 （熟語番号 208～230） 24
Unit 11 （熟語番号 231～252） 26
Unit 12 （熟語番号 253～274） 28
Unit 13 （熟語番号 275～296） 30
Unit 14 （熟語番号 297～318） 32
Unit 15 （熟語番号 319～340） 34
Unit 16 （熟語番号 341～362） 36
Unit 17 （熟語番号 363～384） 38
Unit 18 （熟語番号 385～406） 40
Unit 19 （熟語番号 407～428） 42
Unit 20 （熟語番号 429～450） 44
Unit 21 （熟語番号 451～472） 46
Unit 22 （熟語番号 473～494） 48
Unit 23 （熟語番号 495～516） 50
Unit 24 （熟語番号 517～538） 52
Unit 25 （熟語番号 539～560） 54
Unit 26 （熟語番号 561～582） 56
Unit 27 （熟語番号 583～604） 58
Unit 28 （熟語番号 605～626） 60
Unit 29 （熟語番号 627～648） 62
Unit 30 （熟語番号 649～670） 64

Unit 31 （熟語番号671〜692） 66
Unit 32 （熟語番号693〜714） 68
Unit 33 （熟語番号715〜736） 70
Unit 34 （熟語番号737〜758） 72
Unit 35 （熟語番号759〜780） 74
Unit 36 （熟語番号781〜802） 76
Unit 37 （熟語番号803〜824） 78
Unit 38 （熟語番号825〜846） 80
Unit 39 （熟語番号847〜868） 82
Unit 40 （熟語番号869〜890） 84
Unit 41 （熟語番号891〜912） 86
Unit 42 （熟語番号913〜934） 88
Unit 43 （熟語番号935〜956） 90
Unit 44 （熟語番号957〜978） 92
Unit 45 （熟語番号979〜1000） 94

□装丁デザイン：及川真咲デザイン事務所　　□ペーパーイラスト制作・撮影：AJIN　　□本文デザイン：牧野剛士
□編集協力：笠井喜生（e.editors）　　□校正：大河恭子／大磯巌　　□編集担当：清水理代

Part 1 絶対覚えておきたい180

Unit 1
形容詞句・副詞句, 動詞句①

熟語番号
1 〜 23

英熟語ターゲット1000［5訂版］
p.16 〜 23
....
解答　別冊 p.3

Step 1　見出し熟語の意味を確認しよう！

🕐 目標時間 2 分

① 次の熟語の意味をア〜エから選べ。

1. a piece of 〜　　ア. たくさんの〜　イ. いくつかの〜　ウ. 1つの〜　　エ. 少量の〜

2. plenty of 〜　　ア. たくさんの〜　イ. わずかな〜　ウ. いくつかの〜　エ. 半数の〜

3. at home　　ア. 在宅して　　イ. 家に向かって　ウ. 家の周りで　エ. 近所の

4. *be* aware of 〜　　ア. 〜を心配している　　　　　　イ. 〜に自信を持っている
　　　　　　　　　　　　ウ. 〜に気がついている　　　　　エ. 〜から構成されている

5. *be* based on[upon] 〜　ア. 〜に興味がある　　　　　　イ. 〜に従事している
　　　　　　　　　　　　ウ. 〜に精通している　　　　　エ. 〜に基づいている

② 次の日本語の意味を表す熟語になるように, 空所に最も適切な語を入れよ。

1. 最新 (式) の　　　　　　　up （　　　）（　　　）

2. 数十もの〜　　　　　　　（d　　　）（　　　　　）〜

3. 〜を恐れる［怖がる］　　*be* （a　　　）（　　　）〜

4. 〜に従事している　　　　*be* （e　　　）（　　　）〜

5. 〜から構成されている　　*be* （c　　　）（　　　）〜

Step 2　見出し熟語をさらに掘り下げよう！

🕐 目標時間 1 分

次の語 (句) とほぼ同じ意味を表すように, 空所に最も適切な語を入れよ。ただし, ⊗には反対の意味を表すように適切な語を入れよ。

1. sooner or later　　　　（　　　）time

2. punctually　　　　　　（　　　）time

3. a few 〜　　　　　　　a （c　　　）（　　　）〜

4. off duty　　　　　　　⊗ （　　　）duty

5. *be* similar to 〜　　　⊗ *be* （　　　）（　　　）〜

Step 3　例文で見出し熟語の用法を押さえよう！

🕐 目標時間 4 分

① （　　　）内から最も適する語を1つ選べ。

1. Five students were absent (① by / ② from / ③ on / ④ to) school today.

2. The special golf ball used then was made (① to / ② in / ③ of / ④ after) feathers instead of stone.

3. I've been thinking, but I'm still not (① difficult / ② interested / ③ possible / ④ sure) about what I want to do in the future.

② 次の各文の（　　）に最も適する語をア～エから選び，全文を和訳せよ。

1. The traffic was heavy and the buses weren't running on (　　　).

2. Our car was red because the color was in (　　　) in those days.

3. Tina is (　　　) of speaking three foreign languages, including German.

4. The recent typhoon did a great (　　　) of damage to rice crops.

ア. capable 　　　イ. deal 　　　ウ. fashion 　　　エ. schedule

Challenge　入試問題に挑戦しよう！　　　　🕙 目標時間３分

① 示された日本語の意味を参考にして，空所に最も適する語を記入せよ。

1. 数十もの～

The writer already has (　　　) of new ideas for her next novel.

（神奈川大）

2. ～に気がついている

Were you (　　　) of this risk before the announcement?

（北星学園大）

② 日本文に合うように（　　）内の語句を正しく並べかえよ。

1. 会議では話す時間がたくさんあったほうがよい。

The meeting should give (time / of / us / plenty) to talk.

（大阪経済大）

2. 多くの人が彼女を見送るために空港に来た。

A (come / have / her / large / number / of people / to see / to the airport) off.

（金沢工業大）

3. すべての説明が事実に基づいているというわけではない。

Not (facts / every / on / based / is / explanation).

（高知大）

Part 1 絶対覚えておきたい180

Unit 2
動詞句①, ②

熟語番号
24 〜 46

英熟語ターゲット 1000 [5訂版]
p.22 〜 31

解答 別冊 p.4

Step 1 見出し熟語の意味を確認しよう！

⏰ 目標時間 2 分

① 次の熟語の意味をア〜エから選べ。

1. rely on[upon] 〜
   - ア. 〜を支援する
   - イ. 〜に頼る
   - ウ. 〜に贈り物をする
   - エ. 〜のまねをする

2. contribute to 〜
   - ア. 〜の邪魔をする
   - イ. 〜に取り入る
   - ウ. 〜を称賛する
   - エ. 〜に貢献する

3. concentrate on 〜
   - ア. 〜に共感する
   - イ. 〜の上に乗る
   - ウ. 〜に存在する
   - エ. 〜に集中する

4. *be* willing to *do*
   - ア. …するのに賛成だ
   - イ. …する資格がある
   - ウ. …してもかまわない
   - エ. …したがらない

5. *be* likely to *do*
   - ア. …するのが好きだ
   - イ. …する計画である
   - ウ. …しそうである
   - エ. 必ず…する

② 次の日本語の意味を表す熟語になるように，空所に最も適切な語を入れよ。

1. 〜のことを考える ( ) of 〜
2. 〜（という結果）を引き起こす ( ) to 〜
3. 〜に言及する ( )( ) 〜
4. 〜を知りたがる *be* ( )( ) 〜
5. 〜に責任がある *be* ( )( ) 〜

Step 2 見出し熟語をさらに掘り下げよう！

⏰ 目標時間 1 分

次の語句とほぼ同じ意味を表すように，空所に最も適切な語を入れよ。ただし，㋘には反対の意味を表すように適切な語を入れよ。

1. get along get ( )
2. look for 〜 ( ) for 〜
3. *be* composed of 〜 ( ) of 〜
4. *be* on the point of *doing* *be* ( )( ) *do*
5. *be* bad[badly] off ㋘ *be* ( ) off

Step 3 例文で見出し熟語の用法を押さえよう！

⏰ 目標時間 4 分

① ( )内から最も適する語を1つ選べ。

1. Just tell me what you're looking (① after / ② back / ③ for / ④ out), and I might be able to help you find it.
2. The child (① belonged / ② insisted / ③ persisted / ④ refrained) on continuing to play in the game despite an injury to her right leg.
3. What I cannot understand is why he is not (① satisfactory / ② satisfy / ③ satisfying / ④ satisfied) with his job.

② 次の各文の（　　）に最も適する語をア〜エから選び，全文を和訳せよ。
1. The damage from the recent typhoon is estimated to (　　) to billions of yen.
2. I have to (　　) for a test in English scheduled next week.
3. Why don't you just (　　) on doing what you have to do today, not tomorrow?
4. It's important to remember that we all (　　) on various people for different reasons.

ア. amount　　　イ. depend　　　ウ. focus　　　エ. prepare

Challenge 入試問題に挑戦しよう！　　　　　⏱ 目標時間3分

① 示された日本語の意味を参考にして，空所に最も適する語を記入せよ。
1. ┌─────────────┐
   │ 〜と結婚している │
   └─────────────┘
   She is (　　) (　　) an American.　　　　　　　　（実践女大）
2. ┌─────────────────┐
   │ 今にも…しようとしている │
   └─────────────────┘
   The train was (　　) (　　) leave when I arrived at the platform.　　　　　　　　（畿央大）

② 日本文に合うように（　　）内の語句を正しく並べかえよ。
1. 先生に積極的に関わる学生には，科目を楽しむ傾向があります。
   Students (actively engage / are / enjoy their subjects / likely to / teachers / who / with).　　　　　　　　（武庫川女大）
2. 君が彼の助言を無視すべきだと言い張る理由について説明を聞きたい。
   I want to hear an explanation (as / why / ignoring / you / insist / to / his advice / on).　　　　　　　　（西南学院大）

Part 1 絶対覚えておきたい180
Unit 3
動詞句②，③

熟語番号
47 ～ 69

英熟語ターゲット 1000 ［5訂版］
p.30 ～ 37
解答 別冊 p.5

Step 1　見出し熟語の意味を確認しよう！
⏱ 目標時間 2 分

① 次の熟語の意味をア～エから選べ。

1. set up ～　　ア．～を創設する　イ．～を打ち上げる　ウ．～を終える　エ．～を意味する
2. pick up ～　　ア．～を混ぜる　　イ．～をばらまく　ウ．～を捨てる　エ．～を拾う
3. result from ～　ア．～をやめる　　イ．～から起こる　ウ．～と同じである　エ．～から成る
4. suffer from ～　ア．～を出発する　イ．～で苦しむ　ウ．～から回復する　エ．～を遠ざける
5. abound in[with] ～　ア．～にある　　イ．～に富む　　ウ．～が不足する　エ．～で目立つ

② 次の日本語の意味を表す熟語になるように，空所に最も適切な語を入れよ。

1. ～について不平を言う　　　　　　　（　　　　　）about[of] ～
2. ～と異なる　　　　　　　　　　　　（　　　）（　　　　）～
3. ～を卒業する　　　　　　　　　　　（　　　）（　　　　）～
4. ～の価値［存在］を信じる　　　　　（　　　）（　　　　）～
5. （語学など）をやり直して磨きをかける　（　　　）（　　　　）(on) ～

Step 2　見出し熟語をさらに掘り下げよう！
⏱ 目標時間 1 分

次の語（句）とほぼ同じ意味を表すように，空所に最も適切な語を入れよ。ただし，㋧には反対の意味を表すように適切な語を入れよ。

1. cause　　　　　　　bring（　　　　）～
2. discover　　　　　　(f　　)（　　　　）～
3. get through ～　　　（　　　）through ～
4. cope with ～　　　　（　　　）with ～
5. fail in ～　　　　　　㋧（　　　　）in ～

Step 3　例文で見出し熟語の用法を押さえよう！
⏱ 目標時間 4 分

① （　　　）内から最も適する語を 1 つ選べ。

1. My father doesn't care (① about / ② in / ③ of / ④ to) clothes much when he goes out.
2. The company will surely recover (① at / ② from / ③ in / ④ over) the recent financial crisis.

3. Zuri is an exchange student from Kenya who (① believes / ② calls / ③ drops / ④ majors) in Japanese Studies.

② 次の各文の（　　）に最も適する語をア〜エから選び，全文を和訳せよ。
1. Sadly, her aunt （　　） of a rare lung disease in her late 40s.
2. I （　　） up just past noon because I stayed up late last night watching TV.
3. He left us three years ago, and we haven't （　　） from him since.
4. Bob said he （　　） up in a Los Angeles suburb, where three in ten people spoke Spanish.

ア. died　　　　イ. grew　　　　ウ. heard　　　　エ. woke

Challenge 入試問題に挑戦しよう！　　　　⏱目標時間３分

① 示された日本語の意味を参考にして，空所に最も適する語を記入せよ。
1. ～で苦しむ
   We are （　　　）（　　　） stress much more than we realize. (中央大)
2. ～を引き起こす
   The new supermarket has （　　　） about a lot of changes in the town.　　　　　　　　　　　　　　　　　　　　　　(岐阜大)

② 日本文に合うように（　　）内の語句を正しく並べかえよ。
1. これらのイノベーションは水質汚染の処理に役立つ。
   These innovations (deal / help / us / with) water pollution.
　　　　　　　　　　　　　　　　　　　　　　　　　　　　　(大阪経大)
2. 警察はその金の隠し場所を探し出せないだろう。
   The (find / is / money / out / police / the / where / won't) hidden.　　　　　　　　　　　　　　　　　　　　　　　(東北学院大)
3. 人は自分たちの言語に魅力を感じており，それを放棄させるには多大な力を必要とする。
   People are very attached to their language and it takes a lot to (get / give / it / make / them / to) up. [1 語不要]　　(成蹊大)

Unit 4
動詞句③, ④

熟語番号
70 〜 92

Step 1　見出し熟語の意味を確認しよう！　◯目標時間2分

① 次の熟語の意味をア〜エから選べ。

1. carry out 〜　ア. 〜を実行する　イ. 〜を運ぶ　　ウ. 〜を続ける　エ. 〜を経営する
2. point out 〜　ア. 〜を狙撃する　イ. 〜を射抜く　ウ. 〜を押し出す　エ. 〜を指摘する
3. try on 〜　　ア. 〜に教える　イ. 〜に到着する　ウ. 〜を試着する　エ. 〜を出発する
4. get together　ア. 気が合う　　イ. 競争する　　ウ. 分担する　　エ. 集まる
5. make a mistake　ア. 間違いをする　　　　　　　　イ. 間違いを正す
　　　　　　　　　　　ウ. 間違いを指摘する　　　　　　エ. 間違わないようにする

② 次の日本語の意味を表す熟語になるように，空所に最も適切な語を入れよ。

1. (〜で) 役割を演じる [果たす]　　（　　　）a（　　　）(in 〜)
2. 〜を理解する　　　　　　　　　figure（　　　）〜
3. 働き続ける　　　　　　　　　　work（　　　）
4. 〜をよく考える　　　　　　　　(t　　)（　　　）〜
5. 催される；起こる　　　　　　　take（　　　）

Step 2　見出し熟語をさらに掘り下げよう！　◯目標時間1分

次の語 (句) とほぼ同じ意味を表すように，空所に最も適切な語を入れよ。ただし，反には反対の意味を表すように適切な語を入れよ。

1. prove　　　　　　　　（　　　）out (〜)
2. choose　　　　　　　　pick（　　　）〜
3. make certain (〜)　　　make（　　　）(〜)
4. turn on (〜)　　　　　反 turn（　　　）(〜)
5. take off 〜　　　　　　反 (p　　)（　　　）〜

Step 3　例文で見出し熟語の用法を押さえよう！　◯目標時間4分

① (　　) 内から最も適する語 (句) を1つ選べ。

1. When I turned (① in / ② into / ③ on / ④ out) the TV, our team had already scored two goals.
2. The air became cooler as we kept (① climb / ② climbing / ③ climbed / ④ to climb) the mountain.

3. Grammar is the study of the way we bring words together in order to make (① effort / ② believe / ③ faces / ④ sense).

② 次の各文の（　　）に最も適する語をア〜エから選び，全文を和訳せよ。
1. Where you live can (　　) a difference in how long you live.
2. One of the best ways to (　　) yourself down is to take a deep breath.
3. If your shoes hurt, the only thing you can do is (　　) them off and wear different ones.
4. You should always be careful when you (　　) out an application form.

ア. calm　　　　イ. fill　　　　ウ. make　　　　エ. take

Challenge　入試問題に挑戦しよう！　⏱目標時間３分

① 示された日本語の意味を参考にして，空所に最も適する語を記入せよ。
1. | ～を（身に）つける |

　　I (　　) (　　) my overcoat and went out.　　　　　　（法政大）
2. | 仲良くやっていく |

　　I think (　　) (　　) with people is as important as being independent.　　　　　　（学習院大）

② 日本文に合うように（　　）内の語句を正しく並べかえよ。
1. その映画は，始めはつまらなかったが，とても良い映画であることが分かった。
   The movie was boring at first but (to / out / it / good / be / turned / very).　　　　　　（北星学園大）
2. あなたの親切な提案がなければ，彼はこの計画を実行できなかっただろうと私は思います。
   Without your kind suggestions, I (carried / could / don't / have / he / out / think) this project.　　　　　　（武庫川女大）
3. もし私たちがこの不確実な将来に重要な役割を果たそうとすれば，もっと多様性をもたなければならない。
   We (an important role / are / if / in / more diverse / must become / this uncertain / to play / we) future.　　　　　　（東北学院大）

Part 1 絶対覚えておきたい 180
Unit 5
動詞句④

熟語番号
93 〜 115

英熟語ターゲット1000［5訂版］
p.44 〜 51
解答　別冊 p.7

Step 1　見出し熟語の意味を確認しよう！　　目標時間2分

① 次の熟語の意味をア〜エから選べ。

1. ask for 〜　　ア.〜を求める　イ.〜を与える　ウ.〜を責める　エ.〜を褒める
2. get rid of 〜　ア.〜を利用する　イ.〜を取り除く　ウ.〜を乗せる　エ.〜を理解する
3. used to *do*　　ア.…する必要がある　　　　　イ.…する予定だ
　　　　　　　　　　ウ.…したものだった　　　　　エ.…したはずだ
4. do *one's* best　ア.良いことをする　　　　　イ.才能を発揮する
　　　　　　　　　　ウ.理想を高く掲げる　　　　エ.最善を尽くす
5. associate *A* with *B*　ア.AをBと結び付けて考える　イ.AをBに供給する
　　　　　　　　　　ウ.BでもってAを助ける　　　エ.BでもってAを防ぐ

② 次の日本語の意味を表す熟語になるように，空所に最も適切な語を入れよ。

1. 楽しい時を過ごす　　　　（　　　）*oneself*
2. 約束を守る　　　　　　　（　　　）*one's*（　　　）
3. 〜を休みとしてとる　　　have 〜（　　　）
4. （人）と恋に落ちる　　　fall（　　　）（　　　）with 〜
5. AをBと見なす　　　　　（r　　　）*A*（　　　）*B*

Step 2　見出し熟語をさらに掘り下げよう！　　目標時間1分

次の語（句）とほぼ同じ意味を表すように，空所に最も適切な語を入れよ。

1. attend to 〜　　　　（　　　）attention（　　　）〜
2. look after 〜　　　　（　　　）（　　　）of 〜
3. decide　　　　　　　（　　　）（　　　）*one's* mind
4. go astray　　　　　　get（　　　）
5. like *A* better than *B*　（　　　）*A*（　　　）*B*

Step 3　例文で見出し熟語の用法を押さえよう！　　目標時間4分

① （　　　）内から最も適する語（句）を1つ選べ。

1. Would you mind informing me（① at / ② in / ③ of / ④ with）your e-mail address so I can send you the photos from the trip?

14

2. We had (① well / ② better / ③ much / ④ more) make reservations early if we want to travel during the holiday season.

3. We're all really looking forward (① hear / ② hearing / ③ to hear / ④ to hearing) from you soon.

② 次の各文の（　　）に最も適する語をア〜エから選び，全文を和訳せよ。

1. My kid brother asked me to help him (　　) his math homework the other day.

2. If we use SNS wisely, it has the power to turn strangers (　　) friends all over the planet.

3. One of the problems with cellphones is that they can prevent us (　　) relaxing.

4. This song always reminds me (　　) the good old days I enjoyed growing up in the countryside.

ア. from　　　　　イ. into　　　　　ウ. of　　　　　エ. with

Challenge　入試問題に挑戦しよう！　　　⊗目標時間３分

① 示された日本語の意味を参考にして，空所に最も適する語を記入せよ。

1. ｜進歩［進展］する｜
I wasn't (　　) much (p　　) at home, so I decided to study in the library.　　　　　　　　　　　　　　　　　　　　　（摂南大）

2. ｜〜に注意を払う｜
He paid no (　　) (　　) what his boss said.　　　　　　（中央大）

② 日本文に合うように（　　）内の語句を正しく並べかえよ。

1. このポスターは，歩きながらスマートフォンを操作することの危険性を知らせるためのものです。
This poster (at smartphones / is / of looking / of the dangers / people / to inform / while) walking.　　　　　　　　（武庫川女大）

2. 彼はかつて家族と暮らした家の前に立った。
(stood / family / where / before / in / of / house / he / his / used / he / live / to / and / the / front). ［1 語不要］　　　　（高知大）

Part 1 絶対覚えておきたい 180

Unit 6
純然たる副詞句①

熟語番号
116～138

英熟語ターゲット 1000［5訂版］
p.52 ～ 59
解答　別冊 p.8

Step 1　見出し熟語の意味を確認しよう！　　⏰ 目標時間 2 分

① 次の熟語の意味をア～エから選べ。

1. at (the) most　ア. 少なくとも　イ. 最高の　　ウ. 最盛期で　　エ. せいぜい
2. after all　　　ア. たいてい　　イ. 一般に　　ウ. 結局（は）　エ. あらゆる点で
3. all the time　 ア. いつも　　　イ. 時々　　　ウ. 当時　　　　エ. 永久に
4. by no means　ア. 全然～ない　イ. 無駄に　　ウ. きっと　　　エ. 訳もなく
5. all the way　 ア. あらゆる手段で　　　　イ. はるばる
　　　　　　　　　ウ. 一途に　　　　　　　　エ. しばらく

② 次の日本語の意味を表す熟語になるように，空所に最も適切な語を入れよ。

1. とにかく　　　　　　　　at any（　　　　）
2. 全体として（の）　　　　as a（　　　　）
3. 無作為に　　　　　　　　（　　　）（　　　）
4. 1 度に　　　　　　　　　（　　　）a（　　　　）
5. よくても　　　　　　　　at（　　　　）

Step 2　見出し熟語をさらに掘り下げよう！　　⏰ 目標時間 1 分

次の語（句）とほぼ同じ意味を表すように，空所に最も適切な語を入れよ。

1. almost　　　　　　　　　　（　　　）or（　　　　）
2. from time to time　　　　at（　　　）
3. at the same time　　　　（　　　）(o　　　)
4. to the best of one's ability　as ～（　　　）（　　　　）
5. nevertheless　　　　　　　and（　　　）

Step 3　例文で見出し熟語の用法を押さえよう！　　⏰ 目標時間 4 分

① （　　）内から最も適する語を 1 つ選べ。

1. The other day I took someone's umbrella (① as / ② by / ③ in / ④ on) mistake since it looked very similar to mine.
2. Our teacher told us to spend (① at / ② for / ③ in / ④ to) least a little time every day studying the language.

16

3. (① Between / ② Both / ③ Either / ④ Neither) you and me, he lost all his money by gambling.

② 次の各文の（　　）に最も適する語をア〜エから選び，全文を和訳せよ。

1. I didn't like the movie at (　　　), and Mayu didn't like it either.
2. The child fell ill and, as a (　　　), her mother had to stay home to take care of her.
3. Making things by (　　) has given way to mass production by machine.
4. When we call something a fruit, we necessarily distinguish it from vegetables, meat, dairy, and (　　　) on.

ア. all　　　　　イ. hand　　　　　ウ. result　　　　エ. so

Challenge 入試問題に挑戦しよう！　　　⏱ 目標時間３分

① 示された日本語の意味を参考にして，空所に最も適する語を記入せよ。

1. 結局（は）

   I expected to fail the exam, but I passed it (　　　) (　　　).

   （金城学院大）

2. 決して〜ない，全然〜ない

   A bad habit, once formed, is by (　　　) (　　　) easy to get rid of.

   （名城大）

② 日本文に合うように（　　）内の語句を正しく並べかえよ。

1. 私はできるだけ早くここから出て行きたい。

   I want (of / as / to / here / get / quickly / out) as possible.

   （北星学園大）

2. この靴を履いていつもどおりに踊れる？

   Can you (as / dance / these / usual / wearing) shoes?　　　（武蔵大）

3. そこは少なくとも一度は行ってみる価値がある。

   (worth / is / visiting / place / that / least / once / at).　　（高知大）

Part 1 絶対覚えておきたい 180

Unit 7
純然たる副詞句①, ②

熟語番号
139 〜 161

英熟語ターゲット 1000 [5訂版]
p.58 〜 67

解答 別冊 p.9

Step 1　見出し熟語の意味を確認しよう！　　◯目標時間2分

① 次の熟語の意味をア〜エから選べ。

1. in fact　　　ア. 驚くことに　イ. 実際に　　　ウ. 例えば　　　エ. ときどき

2. in public　　ア. 公園で　　　イ. 人前で　　　ウ. 隠れて　　　エ. 屋内で

3. no doubt　　ア. おそらく　　イ. 必ず　　　　ウ. 本当の　　　エ. 役に立たない

4. in any event　　ア. とにかく　　　　　　　　イ. どんな場所でも
　　　　　　　　　　ウ. 成り行きで　　　　　　　エ. 結局のところ

5. not always 〜　　ア. 決して〜ではない　　　　イ. めったに〜ない
　　　　　　　　　　ウ. 必ずしも〜ではない　　　エ. 1つも〜ない

② 次の日本語の意味を表す熟語になるように，空所に最も適切な語を入れよ。

1. ところで　　　　　　　by (　　　) (　　　)
2. 例えば　　　　　　　　for (　　　)
3. 1つには　　　　　　　for (　　　) (　　　)
4. 〜どころではない　　　(　　　) from 〜
5. 一般に　　　　　　　　in (　　　)

Step 2　見出し熟語をさらに掘り下げよう！　　◯目標時間1分

次の語（句）とほぼ同じ意味を表すように，空所に最も適切な語を入れよ。

1. finally　　　　　　　in the (　　　)
2. namely　　　　　　　in (　　　) (　　　)
3. besides (〜)　　　　in (　　　) (to 〜)
4. up to this point　　so (　　　)
5. not 〜 any longer　　(　　　) (l　　　) 〜

Step 3　例文で見出し熟語の用法を押さえよう！　　◯目標時間4分

① (　　　) 内から最も適する語（句）を1つ選べ。

1. I gave her the document, in which the proposal was explained
　 (① at / ② in / ③ on / ④ to) detail.

2. I'm convinced that buying high-quality items will save us
　 money in the long (① case / ② face / ③ run / ④ teeth).

3. My big brother, on (① another / ② the other / ③ some / ④ much) hand, prefers spending his free time alone reading books.

② 次の各文の（　　）に最も適する語をア～エから選び，全文を和訳せよ。

1. Tom was in such a (　　) to get to the airport that he left without the gift from us.

2. What on (　　) are you trying to convey to him by writing such a long letter?

3. We thought everything was going on smoothly, but in (　　), we were all mistaken.

4. You have to get ready for whatever will happen in the (　　).

ア. earth　　　　イ. future　　　　ウ. hurry　　　　エ. reality

Challenge　入試問題に挑戦しよう！　　🕑 目標時間3分

① 示された日本語の意味を参考にして，空所に最も適する語を記入せよ。

1. ┌─────────┐
   │ ～に加えて │
   └─────────┘
   In (　　) (　　) the data that was given to us, we ourselves have to search for more information.　　　　(亜細亜大)

2. ┌──────────┐
   │ 今までのところ │
   └──────────┘
   (　　) (　　) only two people have signed up for the school trip to London.　　　　(南山大)

② 日本文に合うように（　　）内の語句を正しく並べかえよ。

1. その実験は成功からはほど遠いものだった。
   The experiment (far / successful / was / being / from / away).　　　　(畿央大)

2. 彼女はしばらく水を流したままにしておいた。
   (the / for / water / left / a / she / running) while.　　　　(尾道市大)

3. 疑いようもなく，それが唯一の理にかなったふるまいだった。
   It was no (doubt / of / only / reasonable course / the) action.　　　　(武蔵大)

19

Unit 8

純然たる副詞句②，前置詞句，基本構文を
構成する句，1語で言い換えられる熟語①

熟語番号
162 ～ 184

Step 1　見出し熟語の意味を確認しよう！　　⏰ 目標時間 2 分

① 次の熟語の意味をア～エから選べ。

1. all over　　　　ア. 反対に　　　　イ. 終わりに　　　ウ. 最後に　　　エ. 至る所に

2. sooner or later ア. すぐに　　　　イ. もっと早く　　ウ. もっと遅く　エ. 遅かれ早かれ

3. according to ～ ア. ～によれば　イ. ～のために　ウ. ～に関して　エ. ～の代わりに

4. as if[though] ...　　ア. もし…だとしたら　　　　　　イ. まるで…のように
　　　　　　　　　　　　ウ. …に備えて　　　　　　　　　エ. まさか…とは

5. not only A but (also) B　ア. A であって B ではない　　イ. A ではなく B
　　　　　　　　　　　　　　ウ. A だけではなく B も　　　エ. A でも B でもない

② 次の日本語の意味を表す熟語になるように，空所に最も適切な語を入れよ。

1. ～のほかに　　　　　　　　apart （　　　　）～

2. （時間的に）～より先に　　　（　　　　）of ～

3. ～の準備中で　　　　　　　in （　　　　）（　　　　）～

4. ～を中止する［取り消す］　（　　　　）（　　　　）～

5. B だけではなく A も　　　　A （　　　　）（　　　　）as B

Step 2　見出し熟語をさらに掘り下げよう！　　⏰ 目標時間 1 分

次の語（句）とほぼ同じ意味を表すように，空所に最も適切な語を入れよ。ただし，㋫に
は反対の意味を表すように適切な語を入れよ。

1. despite　　　　　　　　　　in （　　　　）（　　　　）～

2. one another　　　　　　　　（　　　　）other

3. on account of ～　　　　　　（o　　　　）to ～

4. the moment[minute] ...　　　as （　　　　）（　　　　）...

5. in those days　　　　　　　㋫（　　　　）（　　　　）

Step 3　例文で見出し熟語の用法を押さえよう！　　⏰ 目標時間 4 分

① （　　　）内から最も適する語を 1 つ選べ。

1. Nobody aside (① by / ② from / ③ in / ④ off) her was able to solve that math problem.

2. In the 1930s many Americans moved west in (① charge / ② danger / ③ search / ④ way) of opportunities.

3. I believe more changes will (① become / ② come / ③ bring / ④ take) about in our way of life owing to global warming.

② 次の各文の（　　）に最も適する語をア～エから選び，全文を和訳せよ。

1. Thanks (　　) this book, I finally understood what had happened all those years ago.

2. I knew from the beginning something was wrong (　　) him.

3. From the age of five, she was brought (　　) by her aunt.

4. My father says he wants to carry (　　) working past his retirement age.

ア. on　　　　　イ. to　　　　　ウ. up　　　　　エ. with

Challenge　入試問題に挑戦しよう！　　　　　⏲ 目標時間３分

① 示された日本語の意味を参考にして，空所に最も適する語を記入せよ。

1. ┃～にもかかわらず┃

（　　）（　　）of the traffic jam, I managed to arrive at the theater in time.　　　　　　　　　　　　　　　　（東北学院大）

2. ┃起こる┃

Do you know how the fighting between the two boys came （　　）?　　　　　　　　　　　　　　　　　　　　　（青山学院大）

② 日本文に合うように（　　）内の語句を正しく並べかえよ。

1. 先日，私たちは電車の遅延のために，30分待たされた。

We were (wait / half / due / for / to / an / made / hour) to the train delay the other day.　　　　　　　　　　　　（関西学院大）

2. あなたの字は汚すぎてほとんど読めない。

(I / your / handwriting / it / that / understand / is / bad / hardly / so / can).　　　　　　　　　　　　　　　　　　（高知大）

3. 人間は理性に従って行動するという点において，けだものとは違うとよく言われる。

It is often said that humans are distinguished from beasts (they / as / in / according / act / that) to their reason. ［１語不要］（成蹊大）

Part 2 グルーピングで覚える 240

Unit 9
1語で言い換えられる熟語①，②

熟語番号
185 ～ 207

英熟語ターゲット 1000 [5訂版]
p.76 ～ 83

解答　別冊 p.11

Step 1　見出し熟語の意味を確認しよう！　⏱ 目標時間 2 分

① 次の熟語の意味をア～エから選べ。

1. look into ～　ア. ～を隠す　　イ. ～を調べる　ウ. ～を発見する　エ. ～をにらむ
2. set about ～　ア. ～を調べる　イ. ～を準備する　ウ. ～を選ぶ　　エ. ～を始める
3. along with ～　ア. ～に加えて　イ. ～に一致して　ウ. ～に賛成して　エ. ～はさておき
4. prior to ～　　ア. ～によると　イ. ～より前で　ウ. ～のために　エ. ～より優れて
5. put up with ～　ア. ～を我慢する　イ. ～を設置する　ウ. ～を作る　　エ. ～を泊める

② 次の日本語の意味を表す熟語になるように，空所に最も適切な語を入れよ。

1. ～を（ざっと）調べる　　　look （　　　） ～
2. 死ぬ　　　　　　　　　　（　　　） away
3. (乗り物) に乗って　　　　on （　　　） ～
4. (部品など) を組み立てる　（p　　） （　　　） ～
5. ～に関連して　　　　　　in (c　　) （　　　） ～

Step 2　見出し熟語をさらに掘り下げよう！　⏱ 目標時間 1 分

次の語 (句) とほぼ同じ意味を表すように，空所に最も適切な語を入れよ。

1. abolish　　　　（　　　） （　　　） with ～
2. obtain　　　　 come （　　　） ～
3. submit　　　　 (h　　) （　　　） ～
4. occasionally　 (every) （　　　） in a （　　　）
5. think of ～　　（　　　） （　　　） with ～

Step 3　例文で見出し熟語の用法を押さえよう！　⏱ 目標時間 4 分

① （　　　）内から最も適する語を1つ選べ。

1. A sign was put (① aside / ② by / ③ off / ④ up) in front of the station to advertise the new store.
2. Erika used to be afraid of heights, but she has gotten (① into / ② over / ③ after / ④ up) her fear now.
3. We all feared that a serious economic depression might (① call / ② hand / ③ lie / ④ set) in after the epidemic.

② 次の各文の（　　）に最も適する語をア〜エから選び，全文を和訳せよ。

1. I've found it fun to (　　) something by heart — Toson's beautiful poems, for example.

2. Jason decided to (　　) off taking his summer vacation because he was too busy at work.

3. It's easy to (　　) fault with the work of others, but we should know it's a most shameful act.

4. Which side of your family do you think you (　　) after?

ア. find　　　　　イ. learn　　　　　ウ. put　　　　　エ. take

Challenge　入試問題に挑戦しよう！　　　⏱目標時間3分

① 示された日本語の意味を参考にして，空所に最も適する語を記入せよ。

1. ┃ 〜を思いつく ┃
   Sarah always comes (　　) (　　) new ideas.　　　　(実践女大)

2. ┃ 重要な ┃
   It is (　　) great (　　) that you respect other cultures.
   　　　　　　　　　　　　　　　　　　　　　　　　　　(県立広島大)

② 日本文に合うように（　　）内の語句を正しく並べかえよ。

1. それらの規則はただちに廃止されるべきだ。
   Those rules (at / away / be / done / should / with) once. (東京経大)

2. この騒音にこれ以上我慢できないので，私たちは静かな所に引っ越したい。
   We want to move to a quiet place, because we can't (up / any / noise / put / this / with) longer.　　　　　(追手門学院大)

3. 私はデジタルテレビを数枚の DVD と一緒に買った。
   I bought a (along / digital / several / DVDs / television).
   [1 語不足]　　　　　　　　　　　　　　　　　　　　(関西学院大)

Part 2 グルーピングで覚える 240

Unit 10
1語で言い換えられる熟語②，
混同しがちな熟語①

熟語番号
208 ～ 230

英熟語ターゲット 1000 [5訂版]
p.82 ～ 89

解答　別冊 p.12

Step 1　見出し熟語の意味を確認しよう！　　🕐 目標時間 2 分

① 次の熟語の意味をア～エから選べ。

1. right away　　ア. 垂直に　　　イ. 今すぐ　　　ウ. 向こうに　　　エ. 外出中で
2. in advance　　ア. 進行中に　　イ. 得意分野で　ウ. 前もって　　　エ. 後から
3. from time to time　　ア. いつも　　　　　　　　イ. 永久に
　　　　　　　　　　　　　ウ. ときどき　　　　　　　エ. 突然
4. apply to ～　　　　　　ア. ～を使用する　　　　　イ. ～に当てはまる
　　　　　　　　　　　　　ウ. ～に賛成する　　　　　エ. ～に貢献する
5. in all　　　　　　　　　ア. ほとんど～ない　　　　イ. ほとんど
　　　　　　　　　　　　　ウ. 全部～ない　　　　　　エ. 全部で

② 次の日本語の意味を表す熟語になるように，空所に最も適切な語を入れよ。

1. (仕事・許可など)を申し込む［志願する］　　（　　　）for ～
2. (人・考えなど)に同意する　　agree（　　　）～
3. 何度も繰り返し　　over（　　　）（　　　）(again)
4. それでもやはり　　all[just]（　　　）（　　　）
5. 大部分は　　for the（　　　）（　　　）

Step 2　見出し熟語をさらに掘り下げよう！　　🕐 目標時間 1 分

次の語 (句) とほぼ同じ意味を表すように，空所に最も適切な語を入れよ。

1. sometimes　　　on（　　　）
2. especially　　　（　　　）all (else)
3. intentionally　　（　　　）（　　　）
4. generally　　　（　　　）a (general)（　　　）
5. out of the blue　（　　　）of a（　　　）

Step 3　例文で見出し熟語の用法を押さえよう！　　🕐 目標時間 4 分

① （　　　）内から最も適する語 (句) を 1 つ選べ。

1. (① At / ② By / ③ On / ④ With) degrees, he began to feel at home in the new environment.

2. Those who attended the meeting all agreed (① at / ② by / ③ for / ④ to) the proposal that a new factory be built.
3. Now that you mention it, I do remember (① see / ② to see / ③ seeing / ④ seen) her on TV quite often.

② 次の各文の (   ) に最も適する語をア～エから選び，全文を和訳せよ。
1. In most cases, when a language is gone, it is gone for (   ).
2. Is there anything in (   ) you'd like me to mention in the recommendation letter?
3. The old lady in her late 90s looked physically very healthy, and mentally active as (   ).
4. She went out to buy some office supplies a few minutes ago, so she should be back before (   ).

ア. good   イ. long   ウ. particular   エ. well

Challenge　入試問題に挑戦しよう！　　　⏱目標時間３分

① 示された日本語の意味を参考にして，空所に最も適する語を記入せよ。
1. | わざと |
   It is likely that she kept me waiting (   ) (   ). （関西学院大）
2. | 前もって |
   This restaurant is very popular. You should make a reservation (   ) (   ). （愛知学院大）

② 日本文に合うように (   ) 内の語句を正しく並べかえよ。
1. 明日の朝，忘れずに電話をください。
   Please (call / remember / tomorrow / to / me / morning). （大阪学院大）
2. 警察官が不意に私の顔をじっと見つめた。
   A police officer (of / face / me / in / all / stared / sudden / the / from / a).　［１語不要］ （岐阜大）
3. この交響曲は何度も繰り返して聴く価値がある。
   (and / again / is / listening / of / over / over / symphony / this / to / worth).　［１語不要］ （高知大）

Part 2 グルーピングで覚える 240

Unit 11
混同しがちな熟語①

熟語番号
231 ～ 252

英熟語ターゲット 1000［5訂版］
p.90 ～ 97

解答 別冊 p.13

Step 1　見出し熟語の意味を確認しよう！
🔽 目標時間 2 分

① 次の熟語の意味をア～エから選べ。

1. *be* true to ～　ア. ～に忠実である　イ. ～を信じている　ウ. ～に存在する　エ. ～に熱狂する

2. occur to ～　　　ア.（人）に偶然出会う　　　　イ. ふと（人）の心に浮かぶ
　　　　　　　　　　ウ.（人）を怒る　　　　　　　　エ.（人）を訪問する

3. *be* familiar with ～　ア. ～によく知られている　イ. ～と親戚である
　　　　　　　　　　　　ウ. ～に聞き覚えがある　　エ. ～をよく知っている

4. *be* concerned for ～　ア. ～に関心がある　　　イ. ～に関係している
　　　　　　　　　　　　ウ. ～を心配している　　エ. ～と交流がある

5. make the most of ～　ア. ～の大部分を作る　　イ. ～を最大限に利用する
　　　　　　　　　　　　ウ. ～の限界を引き出す　エ. ～をたくさん作る

② 次の日本語の意味を表す熟語になるように，空所に最も適切な語を入れよ。

1. ～がない　　　　　　　　　　*be* (　　　　) from[of] ～
2. ～を一時解雇する　　　　　　(　　　　) (　　　　) ～
3. ～と文通する　　　　　　　　(　　　　) (　　　　) ～
4. ～に当てはまる　　　　　　　*be* (　　　　) (　　　　) ～
5. （遅れた状態から）～に追いつく　(　　　　) (　　　　) with[to] ～

Step 2　見出し熟語をさらに掘り下げよう！
🔽 目標時間 1 分

次の語句とほぼ同じ意味を表すように，空所に最も適切な語を入れよ。

1. much[still] less ～　　　let (　　　　) ～
2. set out ～　　　　　　　　(　　　　) out ～
3. come up with ～　　　　　(h　　　) on[upon] ～
4. *be* involved in ～　　　*be* (c　　　) with[in] ～
5. keep abreast of[with] ～　(　　　　) pace (　　　　) ～

Step 3　例文で見出し熟語の用法を押さえよう！
🔽 目標時間 4 分

① (　　　) 内から最も適する語 (句) を 1 つ選べ。

1. Now that my uncle is retired from work, he's (① far / ② free / ③ friendly / ④ fed up) to do anything he wants.

2. Homesickness is probably very familiar (① from / ② in / ③ to / ④ with) anyone who has lived abroad for some time.

3. It suddenly (① dawned / ② imagined / ③ occurred / ④ thought) on me that these islands could be covered by the constantly rising sea.

② 次の各文の（　　）に最も適する語をア〜エから選び，全文を和訳せよ。

1. Since I'm not a math person, I find it kind of hard to (　　) up with the rest of the class.

2. He's doing his homework, so we'd better (　　) him alone for some time.

3. His explanation about the incident does not (　　) to what actually happened.

4. Risk management capability is tested when one can (　　) the best of a bad situation.

ア. correspond　　イ. keep　　　　ウ. leave　　　　エ. make

Challenge　入試問題に挑戦しよう！　　　⏱目標時間３分

① 示された日本語の意味を参考にして，空所に最も適する語を記入せよ。

1. ┌───────────┐
   │ 〜を心配している │
   └───────────┘
   Susan is (c　　) (　　) the future of her son who often gets sick.
   （摂南大）

2. ┌───────────┐
   │ 〜は言うまでもなく │
   └───────────┘
   She cannot even remember what she had for breakfast this morning, (　　) alone ten days ago.
   （上智大）

② 日本文に合うように（　　）内の語句を正しく並べかえよ。

1. 太郎は，彼女に追いつこうとできるだけ速く走った。
   Taro ran as (with / as / to / up / catch / fast / possible) her.
   （中京大）

2. 私たちは，人々がテロや戦争から解放される時代が来ることを望んでいます。
   We hope that (are / come / free / people / the time / when / will) from terrorism and war.
   （武庫川女大）

Part 2 グルーピングで覚える 240
Unit 12
混同しがちな熟語①, ②

熟語番号
253 〜 274

英熟語ターゲット 1000［5訂版］
p.96 〜 103
解答　別冊 p.14

Step 1　見出し熟語の意味を確認しよう！　🕐 目標時間 2 分

① 次の熟語の意味をア〜エから選べ。

1. by now　　　　ア. 今のところ　イ. 今から　　ウ. 今ごろは　　エ. 今よりも

2. *be* bound for 〜　ア. 〜に該当する　イ. 〜にふさわしい　ウ. 〜行きである　エ. 〜に似合う

3. on the contrary　ア. それどころか　イ. 反対の　　　ウ. 不自然に　　エ. 奇跡的に

4. for the first time　　ア. 最初は　　　　　　　　イ. 直に
　　　　　　　　　　　　ウ. すぐに　　　　　　　　エ. 初めて

5. *be* tired from[with] 〜　ア. 〜に飽きる　　　　　イ. 〜に熱中する
　　　　　　　　　　　　　　ウ. 〜で疲れる　　　　　エ. 〜で楽しむ

② 次の日本語の意味を表す熟語になるように, 空所に最も適切な語を入れよ。

1. ただ〜だけ　　　　　（　　　　）but 〜

2. …したがる　　　　　*be* (a　　　) to *do*

3. 持ち帰り用の〜　　　〜（　　　）（　　　　）

4. 放送中の［で］　　　（　　　）the（　　　）

5. （〜への）途中で　　（　　　）the（　　　　）(to 〜)

Step 2　見出し熟語をさらに掘り下げよう！　🕐 目標時間 1 分

次の語句とほぼ同じ意味を表すように, 空所に最も適切な語を入れよ。

1. far from 〜　　　　　anything（　　　）〜

2. *be* fed up with 〜　　*be* tired（　　　）〜

3. as luck would have it　（　　　）(c　　　)

4. at the start　　　　　（　　　）（　　　）

5. for the moment　　　for（　　　）

Step 3　例文で見出し熟語の用法を押さえよう！　🕐 目標時間 4 分

① （　　）内から最も適する語（句）を 1 つ選べ。

1. I know this kind of misunderstanding is (① absorbed / ② bound / ③ convinced / ④ exposed) to happen again in the future.

2. It is feared that the impact of the economic depression will be felt for many years (① come / ② came / ③ coming / ④ to come).

3. People in that area are always anxious (① about / ② of / ③ to / ④ with) the possibility of another big earthquake in the future.

② 次の各文の（　　）に最も適する語をア〜エから選び，全文を和訳せよ。

1. Do you know their names by any (　　)?
2. We cannot process information in a neutral way when emotions get in the (　　) of truth.
3. Despite evidence to the (　　), we tend to believe in the accuracy of memories.
4. We couldn't reach a decision, so our plans are still up in the (　　).

ア. air　　　　　イ. chance　　　　ウ. contrary　　エ. way

Challenge　入試問題に挑戦しよう！　　　⏱目標時間３分

① 示された日本語の意味を参考にして，空所に最も適する語を記入せよ。

1. ～行きである
   This train is (　　) (　　) Tokyo.　　　　　（名古屋学院大）
2. 全然～ではない
   Although Andy's been studying Chinese for four years, his Chinese is (　　) but good.　　　　　（金沢工大）

② 日本文に合うように（　　）内の語句を正しく並べかえよ。

1. ３年ぶりに日本に帰った。
   I came back (first / in / the / time / to for / Japan) three years.　　　　　（広島経大）
2. 迷惑電話に対処することにうんざりしていたので，私は電話番号を変えた。
   As I (of / tired / phone / dealing / gotten / with / had / annoying) calls, I changed my phone number.　　　　　（関西学院大）
3. 最初は彼もそのニュースに興奮しているような口ぶりだったが，その後すっかり態度を変えてしまった。
   At (about / excited / first / he / sounded / spoke) the news, but later he changed his attitude completely.　[１語不要]　　（成蹊大）

Part 2 グルーピングで覚える 240
Unit 13
混同しがちな熟語②，似た意味を持つ熟語①

熟語番号
275 〜 296

英熟語ターゲット 1000 [5訂版]
p.102 〜 109
解答　別冊 p.15

Step 1　見出し熟語の意味を確認しよう！
🕐 目標時間 2 分

① 次の熟語の意味をア〜エから選べ。

1. inside out　ア. 裏返して　イ. 混乱して　ウ. 至るところに　エ. 隠さずに
2. show up　ア. 上がる　イ. 現れる　ウ. 見せつける　エ. 放送する
3. make up 〜　ア. 〜を分離する　イ. 〜を実行する　ウ. 〜を作り上げる　エ. 〜を想像する
4. as a matter of course　ア. それどころか　　　　　イ. 当然のこととして
　　　　　　　　　　　　　　ウ. 予定どおりに　　　　　エ. 便宜上
5. supply A with B　ア. A に B を貸す　　　　　イ. A に B を供給する
　　　　　　　　　　　ウ. A に B を教える　　　　　エ. A に B を売る

② 次の日本語の意味を表す熟語になるように，空所に最も適切な語を入れよ。

1. 逆さまに　　　　　　　　　　　　　　（　　　　）down
2. ある距離を置いて　　　　　　　　　　（　　　　）a（　　　　）
3. 実を言うと　　　　　　　　　　　　　（　　　　）a matter of（　　　　）
4. A を B だと（誤って）思う［間違える］　take A（　　　　）B
5. A に B を供給する　　　　　　　　　　provide A（　　　　）B

Step 2　見出し熟語をさらに掘り下げよう！
🕐 目標時間 1 分

次の語句とほぼ同じ意味を表すように，空所に最も適切な語を入れよ。

1. take part in 〜　　　　　　　　　（p　　　　）in 〜
2. take care of 〜　　　　　　　　　（　　　　）after 〜
3. make up for 〜　　　　　　　　　（c　　　　）（　　　　）〜
4. regard A as B　　　　　　　　　（　　　　）on[upon] A（　　　　）B
5. distinguish between A and B　　tell A（　　　　）B

Step 3　例文で見出し熟語の用法を押さえよう！
🕐 目標時間 4 分

① （　　）内から最も適する語を 1 つ選べ。

1. The snow-capped Mt. Fuji was clearly visible（① at / ② by / ③ in / ④ of）the distance.
2. Many young fathers are taking（① account / ② effect / ③ hold / ④ part）in child rearing these days.

3. Most high-school students (① look / ② regard / ③ see / ④ think) of homework as an unpleasant but unavoidable fact of life.

② 次の各文の（　　）に最も適する語をア～エから選び，全文を和訳せよ。

1. We often (　　) a vulture for an eagle when in flight.
2. Bob has not come to the party yet, but he will (　　) up eventually.
3. Linda had to take a few days off last week to (　　) for her elderly father.
4. Today it is often very difficult to (　　) accurate from inaccurate information.

ア. care　　　　　イ. distinguish　　ウ. mistake　　　　エ. turn

Challenge　入試問題に挑戦しよう！　　　　　　　　⊘ 目標時間３分

① 示された日本語の意味を参考にして，空所に最も適する語を記入せよ。

1. ┌ ～の世話をする ┐

    We're going to look (　　) our friend's dog while she's on vacation. （愛知学院大）

2. ┌ ～を構成する ┐

    In the San Francisco area, Asians make (　　) about half the foreign-born population. （昭和女大）

② 日本文に合うように（　　）内の語句を正しく並べかえよ。

1. その学校は一流の選手たちに，彼らが必要とする援助のほとんどすべてを提供する。

    The academy provides top athletes (almost / with / services / require / the / all / they / of). （尾道市大）

2. 彼は発言しないという条件で，その会議に参加することが許された。

    He was (the / on / allowed / meeting / in / participate / to) the condition that he remain silent. （東京経大）

3. 父はよい魚を悪い魚と区別する方法を私に教えてくれた。

    My father taught (what / to / how / me / tell / a good fish) from a bad one. ［１語不要］ （畿央大）

Part 2 グルーピングで覚える 240

Unit 14
似た意味を持つ熟語①

熟語番号
297 ～ 318

英熟語ターゲット 1000［5訂版］
p.108 ～ 115

解答 別冊 p.16

Step 1 見出し熟語の意味を確認しよう！ 🕐 目標時間 2 分

① 次の熟語の意味をア～エから選べ。

1. stay up 　　ア. 宿泊している　イ. 起きている　ウ. 黙っている　エ. 眠っている
2. lie in ～ 　　ア. ～にある　　イ. ～を横たえる　ウ. ～を寝かせる　エ. ～にウソをつく
3. stick to ～ 　ア. ～にくっつく　イ. ～を刺す　　ウ. ～を捕まえる　エ. ～を殴る
4. keep back ～ ア. ～を隠す　　イ. ～についていく　ウ. ～を続ける　エ. ～を除去する
5. date from ～ ア. ～を誘う　　イ. ～までに終える　ウ. ～より前に　エ. ～から始まる

② 次の日本語の意味を表す熟語になるように，空所に最も適切な語を入れよ。

1. 目立つ　　　　　　　　　stand （　　　　）
2. ～を制止する　　　　　　hold （　　　　）～
3. ～を引き渡す；～を譲る　（t　　）（　　　　）～
4. ～を蓄える　　　　　　　set （　　　　）～
5. （～に）気をつける　　　（l　　）（o　　）（for ～）

Step 2 見出し熟語をさらに掘り下げよう！ 🕐 目標時間 1 分

次の語（句）とほぼ同じ意味を表すように，空所に最も適切な語を入れよ。

1. surrender 　　　　　　（　　　　）in
2. lie in ～ 　　　　　　　（c　　）in ～
3. rely on[upon] ～ 　　　（c　　）on[upon] ～
4. turn in ～ 　　　　　　（h　　）over ～
5. hang on to ～ 　　　　（c　　）（　　　　）～

Step 3 例文で見出し熟語の用法を押さえよう！ 🕐 目標時間 4 分

① （　　）内から最も適する語を 1 つ選べ。

1. Watch (① down / ② in / ③ out / ④ up), Yuka!　There's a big car coming toward you!
2. The mother (① lived / ② sat / ③ took / ④ used) up all night waiting for her son to get home.
3. Finally, the girl gave (① access / ② courage / ③ passage / ④ way) to temptation and ate a slice of cake.

② 次の各文の（　　）に最も適する語をア〜エから選び，全文を和訳せよ。

1. I respect him for his attitude — putting (　　) his anger, he apologized.

2. There is no doubt that all human relationships rest (　　) mutual respect and trust.

3. While walking along the beach, I found parts of a Buddhist statue sticking (　　) of the sand.

4. Research reveals the first evidence of tool production dates (　　) to about 2.5 million years ago.

ア. aside　　　　イ. back　　　　ウ. on　　　　エ. out

Challenge 入試問題に挑戦しよう！　　　⊗ 目標時間３分

① 示された日本語の意味を参考にして，空所に最も適する語を記入せよ。

1. 起きている

I woke up just past noon because I stayed (　　) late last night watching TV.　　　　　　　　　　　　　　（摂南大）

2. 〜に頼る

Many people count (　　) their smartphones to find useful information when they travel.　　　　　　　　　　（名城大）

② 日本文に合うように（　　）内の語句を正しく並べかえよ。

1. 今こそ彼らが私たちの要求に譲歩するときだ。

Now (for / the / give / time / way / them / to / is) to our demands.　　　　　　　　　　　　　　　　　　（駒澤大）

2. 幸福は財産の多さにはない。

(possessions / does / in / you / happiness / how / at / own / not / consist / many). ［1 語不要］　　　　　　　　　（高知大）

3. 太陽光発電が産業界で広く用いられないのは，冬になると日光が不足するからである。

A widespread use of solar power in industry (the / been / lack / because / has / held back) of sunlight in winter. ［1 語不足］

（西南学院大）

33

Part 2 グルーピングで覚える 240

Unit 15
似た意味を持つ熟語②

熟語番号
319〜340

英熟語ターゲット 1000［5訂版］
p.116 〜 121

解答　別冊 p.17

Step 1　見出し熟語の意味を確認しよう！　　🕐 目標時間 2 分

① 次の熟語の意味をア〜エから選べ。

1. first of all　　ア. 最後に　　イ. まず第一に　ウ. その上に　　エ. とりわけ
2. in a sense　　ア. ある意味では　イ. センスの良い　ウ. 意味のない　エ. 自覚的に
3. sympathize with 〜　ア. 〜に同情する　イ. 〜に賛成する　ウ. 〜と協力する　エ. 〜と衝突する
4. *be* equal to 〜　　　ア. 〜に等しい　　　　　　　イ. 〜と引き分ける
　　　　　　　　　　　　ウ. 〜にふさわしい　　　　　エ. 〜と同い年である
5. *be* indispensable to[for] 〜　ア. 〜にとって不要である　　イ. 〜にとって不可能である
　　　　　　　　　　　　ウ. 〜にとって不利である　　エ. 〜にとって不可欠である

② 次の日本語の意味を表す熟語になるように，空所に最も適切な語を入れよ。

1. 行ったり来たり　　　　up （　　　）（　　　）
2. 現在は　　　　　　　　（　　　）the （　　　）
3. 〜を誇り［自慢］に思う　（　　　）*oneself* （　　　）〜
4. 〜にとって不可欠である　*be* (e　　) （　　　）〜
5. 〜に屈する　　　　　　(y　　) （　　　）〜

Step 2　見出し熟語をさらに掘り下げよう！　　🕐 目標時間 1 分

次の語（句）とほぼ同じ意味を表すように，空所に最も適切な語を入れよ。

1. now　　　　　　　at （　　　）
2. tend to *do*　　　*be* (a　　) to do
3. feel like *doing*　*be* （　　　）to *do*
4. to and fro　　　　back （　　　）（　　　）
5. to begin with　　in the （　　　）（　　　）

Step 3　例文で見出し熟語の用法を押さえよう！　　🕐 目標時間 4 分

① （　　　）内から最も適する語を 1 つ選べ。

1. It is important to take pride (① at / ② in / ③ of / ④ on) whatever job you choose for your career.
2. The speaker talked a lot, but what he meant was, in a (① race / ② shape / ③ use / ④ word), he was "opposed" to the plan.

3. The amount of food waste in Japan is said to be (① elementary / ② enormous / ③ equivalent / ④ essential) to 30 percent of its domestic food production.

② 次の各文の（　　）に最も適する語をア〜エから選び，全文を和訳せよ。
 1. I felt sorry (　　) you when I saw you working in the rain.
 2. Finally, the guard seemed to take pity (　　) the girl and said, "OK, go in."
 3. He seemed to have surrendered (　　) temptation and started drinking again.
 4. You keep advising him every step of the way, so (　　) a way, you're kind of planning his life.

 ア. for   イ. in   ウ. on   エ. to

Challenge 入試問題に挑戦しよう！　　　　🕐 目標時間３分

① 示された日本語の意味を参考にして，空所に最も適する語を記入せよ。
 1. ｜ 〜に同情する ｜
    I sympathize (　　) her, but I don't know what I can do for her.　　　　　　　　　　　　　　　　　　　　　（大阪経大）
 2. ｜ 〜を気の毒に思う ｜
    We cannot help (　　) sorry (　　) Tamako.　（神奈川大）
 3. ｜ …する傾向がある ｜
    Young people are more (i　　) (　　) adopt new electronic devices.　　　　　　　　　　　　　　　　　　　　　（中央大）

② 日本文に合うように（　　）内の語句を正しく並べかえよ。
 1. 子供のころ，口笛を吹けるのが自慢だった。
    As a child, I (in / my ability / pride / to / took / whistle).　（藤女大）
 2. 彼女は料理の腕前が自慢です。
    She (such / on / herself / prides / skills / being) a good cook.
    [1 語不要]　　　　　　　　　　　　　　　　　　　　　（成蹊大）

Part 2 グルーピングで覚える 240

Unit 16
似た意味を持つ熟語②

熟語番号
341 ～ 362

英熟語ターゲット 1000［5訂版］
p.120 ～ 127
解答　別冊 p.18

Step 1　見出し熟語の意味を確認しよう！　◯目標時間 2 分

① 次の熟語の意味をア～エから選べ。

1. in short　　ア. つまり　　イ. 短期間で　　ウ. 足りない　　エ. 短い
2. as to ～　　ア. ～の場合　　イ. ～現在で　　ウ. ～のように　　エ. ～に関して(は)
3. by all means　ア. 消極的に　　イ. いずれにせよ　ウ. ぜひとも　　エ. あらゆる面で
4. for the present　ア. 利益のために　イ. 当分の間(は)　ウ. ほとんどは　エ. お礼に
5. generally speaking　　ア. うわさによれば　　　　　　イ. 大声で
　　　　　　　　　　　　　　ウ. 一般的に言えば　　　　　　エ. 一言で言えば

② 次の日本語の意味を表す熟語になるように，空所に最も適切な語を入れよ。

1. 原則的に (は)　　　　　（　　　）(p　　　)
2. いわば　　　　　　　　（　　　）it（　　　）
3. 全体的には　　　　　　all (i　　　)（　　　）
4. 当分の間 (は)　　　　for the（　　　）（　　　）
5. ～は言うまでもなく　（　　　）to（　　　）～

Step 2　見出し熟語をさらに掘り下げよう！　◯目標時間 1 分

次の語句とほぼ同じ意味を表すように，空所に最も適切な語を入れよ。ただし，⊗には
反対の意味を表すように適切な語を入れよ。

1. in spite of ～　　　　　　　　　　　for（　　　）～
2. not to speak of ～　　　　　　　　　to（　　　）（　　　）of ～
3. by and large　　　　　　　　　　　（　　　）the (w　　　)
4. as[so] far as ～ *be* concerned　　（　　　）*one's* (own)（　　　）
5. in practice　　　　　　　　　　　⊗ in (t　　　)

Step 3　例文で見出し熟語の用法を押さえよう！　◯目標時間 4 分

① （　　　）内から最も適する語を 1 つ選べ。

1. With (① all / ② little / ③ much / ④ some) the evidence, the man continued to deny committing the crime.
2. As (① for / ② if / ③ of / ④ though) architecture in the city, there are definitely quite a few must-see places.

3. The whole system was completely out of date; so it collapsed under its own weight, so to (① mention / ② speak / ③ talk / ④ tell).

② 次の各文の（　）に最も適する語をア～エから選び，全文を和訳せよ。

1. If you wish to become a poet, I hope you pursue that passion by all (　　).

2. I'm just wondering if he remembers my birthday is just around the (　　).

3. To read books critically, good reasoning is indispensable on the readers' (　　).

4. I'm trying to repair this on my own, so I need to keep this manual close at (　　).

ア. corner　　　イ. hand　　　ウ. means　　　エ. part

Challenge　入試問題に挑戦しよう！　　　⏱目標時間3分

① 示された日本語の意味を参考にして，空所に最も適する語を記入せよ。

1. | ～は言うまでもなく |

He has been to France, (　　) (　　) nothing of England.

(兵庫県大)

2. | ぜひとも |

The members are determined to complete the project at (　　) (　　).

(芝浦工大)

② 日本文に合うように（　）内の語句を正しく並べかえよ。

1. その問題を解決するのに，何かアドバイスはありますか。

Do you have (advice / any / as / can / how / solve / to / we) the problem?

(金沢工大)

2. 英語を真剣に学びたければ，いつも手近に辞書を置いておくべきである。

If you are (at / keep / learning / you / English / about / serious / should / close / always / your dictionary / hand / ,). (神戸学院大)

3. ジャックは自分自身の住居が見つかるまで，当分の間友人の家に泊まっている。

Jack is staying with (being / for / his friend / the / when / time) until he finds a place of his own. [1 語不要]

(畿央大)

Unit 17

反対の意味を持つ熟語，
いくつかの意味を持つ熟語①

熟語番号

363 〜 384

英熟語ターゲット 1000［5訂版］
p.128 〜 137
....
解答 別冊 p.19

Step 1　見出し熟語の意味を確認しよう！　🕐 目標時間 2 分

① 次の熟語の意味をア〜エから選べ。

1. go by　　　　　ア. 鳴る　　　イ. 通り過ぎる　ウ. そばにいる　エ. 準備する
2. out of order　ア. 故障して　イ. 想定外の　　ウ. 規格外の　　エ. 予定より遅れて
3. in[within] sight ア. 代わりに　イ. 見えて　　ウ. 適所に　　　エ. 快調で
4. look up to 〜　　ア. 〜を目で追う　　　　　　イ. 〜をにらむ
　　　　　　　　　　ウ. 〜を尊敬する　　　　　　エ. 〜をじっと見つめる
5. *be* independent of 〜　ア. 〜と結び付いている　　　イ. 〜と関連付けられる
　　　　　　　　　　　　　ウ. 〜から生じる　　　　　　エ. 〜から独立している

② 次の日本語の意味を表す熟語になるように，空所に最も適切な語を入れよ。

1. ばらばらになる［解散する］　　　(b　　　) (　　　　)
2. 不安で　　　　　　　　　　　　　(　　　　) (　　　　) ease
3. 視界から消えて　　　　　　　　　(　　　　) (　　　　) sight
4. 〜に取り組む　　　　　　　　　　(a　　　) (　　　　) 〜
5. 〜を配る　　　　　　　　　　　　(g　　　) (o　　　) 〜

Step 2　見出し熟語をさらに掘り下げよう！　🕐 目標時間 1 分

次の語（句）とほぼ同じ意味を表すように，空所に最も適切な語を入れよ。

1. need　　　　　　　　call (　　　　) 〜
2. relaxed　　　　　　 (　　　　) (*one's*) (　　　　)
3. despise　　　　　　 look (　　　) (　　　　) 〜
4. run into 〜　　　　 (c　　　) (a　　　) 〜
5. dispense with 〜　　do (　　　　) 〜

Step 3　例文で見出し熟語の用法を押さえよう！　🕐 目標時間 4 分

① (　　) 内から最も適する語を 1 つ選べ。

1. As soon as I am (① agreed / ② cleaned / ③ done / ④ washed) with the dishes, I will do the laundry.
2. From the footprints outside, it was clear the burglar had broken (① down / ② in / ③ of / ④ up) through the window.

3. Japan has so little oil that we are almost entirely (① aware / ② dependent / ③ equivalent / ④ indifferent) on imports.

② 次の各文の（　　）に最も適する語をア～エから選び，全文を和訳せよ。

1. It was in 1918 when the so-called Spanish flu pandemic broke (　　) worldwide.

2. Professor Yoshida, could I call (　　) you sometime next week at your office for some advice?

3. Your total comes (　　) $347, but you can also pay in euros or yen here.

4. I think a brief explanation about how this historical event happened is (　　) order here.

ア. in　　　　　　イ. on　　　　　　ウ. out　　　　　　エ. to

Challenge　入試問題に挑戦しよう！　　　　　　⏱ 目標時間3分

① 示された日本語の意味を参考にして，空所に最も適する語を記入せよ。

1. ┌─────────┐
   │ 故障して │
   └─────────┘
   This photocopier is (　　)(　　) order.　　　　　　（椙山女学園大）

2. ┌──────────────┐
   │ ～から独立している │
   └──────────────┘
   Jane was already financially (　　)(　　) her parents before she finished university.　　　　　　（共立女大）

② 日本文に合うように（　　）内の語句を正しく並べかえよ。

1. 彼は母親を尊敬している。
   He (to / looks / his mother / up).　　　　　　（大阪経大）

2. 高知を旅行中，偶然恩師に会った。
   I (Kochi / across / while / my / teacher / traveling / in / former / came).　　　　　　（高知大）

3. 彼はテキサスに引っ越したとき，新しい環境で不安に感じた。
   When he moved to Texas, he (ease / felt / comfortable / in / at / ill) the new environment. ［1 語不要］　　　　　　（成蹊大）

Part 2 グルーピングで覚える 240

Unit 18
いくつかの意味を持つ熟語①, ②

熟語番号
385 〜 406

英熟語ターゲット 1000［5訂版］
p.138 〜 151
解答　別冊 p.20

Step 1　見出し熟語の意味を確認しよう！　　🕐 目標時間 2 分

① 次の熟語の意味をア〜エから選べ。

1. make out 〜　ア. 〜を理解する　イ. 〜を連れ出す　ウ. 〜を補う　　エ. 〜から逃げる
2. go with 〜　　ア. 〜に登る　　イ. 〜を考案する　ウ. 〜のほうへ行く　エ. 〜と付き合う
3. look to 〜　　ア. 〜を調べる　イ. 〜のほうを見る　ウ. 〜をにらむ　エ. 〜に合図する
4. take on 〜　　ア. 〜を渡す　　イ. 〜を手放す　　ウ. 〜を引き受ける　エ. 〜を買う
5. settle down　ア. 落ちて行く　イ. 落ち着く　　　ウ. 落第する　　　エ. 流行に遅れる

② 次の日本語の意味を表す熟語になるように，空所に最も適切な語を入れよ。

1. （状況などが）続く　　　　go（　　　　）
2. 待機する　　　　　　　　　stand（　　　　）
3. （場所・時間）を取る　　　take（　　　）〜
4. （手など）を差し出す　　　hold（　　　）〜
5. （辞書などで）〜を調べる　look（　　　）〜

Step 2　見出し熟語をさらに掘り下げよう！　　🕐 目標時間 1 分

次の語とほぼ同じ意味を表すように，空所に最も適切な語を入れよ。

1. explode　　　　go（　　　）
2. refuse　　　　　(t　　) (d　　) 〜
3. deceive　　　　take（　　　）〜
4. extinguish　　　put（　　　）〜
5. represent　　　stand（　　　）〜

Step 3　例文で見出し熟語の用法を押さえよう！　　🕐 目標時間 4 分

① (　　) 内から最も適する語を 1 つ選べ。

1. My father's going to go (① below / ② over / ③ up / ④ without) the whole document to make sure it is perfect.
2. The guard at the parking lot (① brought / ② held / ③ passed / ④ took) up his hands high to stop our car.
3. Please don't forget to (① note / ② refer / ③ turn / ④ write) in your report when you come back to the office tomorrow.

② 次の各文の（　　）に最も適する語をア～エから選び，全文を和訳せよ。

1. After she had switched off the TV, Mary went （　　） for a walk.

2. In the world today, a great many people have to live （　　） a very inadequate diet.

3. Tom took （　　） running long distances in an attempt to lose some weight.

4. He made （　　） the exit when he heard a knock on the back door.

ア. for　　　　　　イ. on　　　　　　ウ. out　　　　　　エ. to

Challenge 入試問題に挑戦しよう！　　　　　　⏱ 目標時間 3 分

① 示された日本語の意味を参考にして，空所に最も適する語を記入せよ。

1. ┌ ～を支持［擁護］する ┐

My parents said that they would （　　） （　　） me no matter what decision I made.　　　　　　　　　　　　　　（岐阜大）

2. ┌ ～を帯びる ┐

As languages evolve, words take （　　） new meanings.　（慶大）

② 日本文に合うように（　　）内の語句を正しく並べかえよ。

1. 私には姉が二人いるが，どういうわけか，その日一緒に出かけてくれと父に頼まれたのは私だった。

I have two sisters, but somehow I was (one / go / asked / by / the / being / my / to / father) out with him on that day.　（尾道市大）

2. ヘッドホンを持っていないなら，他の人に迷惑をかけないように音を小さくしてください。

If you don't have any headphones with you, please (as / avoid / disturbing / others / so / the volume / down / to / turn).

（関西学院大）

3. 彼らが息子にそれをさせたままでいることがどうしても理解できない。

(out / can't / what / make / recognize / I) is why they let their son do it. ［1 語不要］　　　　　　　　　　　　　　（成蹊大）

Part 2 グルーピングで覚える 240，Part 3 形で覚える 240

Unit 19
いくつかの意味を持つ熟語②，動詞句①

熟語番号
407 〜 428

英熟語ターゲット 1000［5訂版］
p.150 〜 163

解答　別冊 p.21

Step 1　見出し熟語の意味を確認しよう！　　　目標時間 2 分

① 次の熟語の意味をア〜エから選べ。

1. at length　　ア. 要するに　　イ. 詳細に　　ウ. 現時点では　　エ. 長くても

2. in effect　　ア. 手短に　　イ. 結論として　　ウ. 事実上　　エ. 危険な状態で

3. set out　　ア. 消える　　イ. 入らないでいる　ウ. 出発する　　エ. 外食する

4. conform to[with] 〜　　ア. 〜に勝る　　　　　　　イ. 〜を構成する
　　　　　　　　　　　　　　ウ. 〜と一致する　　　　　エ. 〜を作る

5. *be* due to 〜　　ア. 〜に間に合わせる　　　　　イ. 〜のため［結果］である
　　　　　　　　　　ウ. 〜しだいである　　　　　　エ. 〜の影響を受けやすい

② 次の日本語の意味を表す熟語になるように，空所に最も適切な語を入れよ。

1. 〜を扶養する　　　　　（　　　　）for 〜

2. 〜まで　　　　　　　　（　　　　）to 〜

3. 〜を置く，〜を鎮める　put（　　　　）〜

4. 〜から離れない　　　　keep（　　　　）〜

5. 〜の次の［に］　　　　（　　　）（　　　　）〜

Step 2　見出し熟語をさらに掘り下げよう！　　　目標時間 1 分

次の語（句）とほぼ同じ意味を表すように，空所に最も適切な語を入れよ。

1. almost　　　　　（　　　　）but 〜

2. reach　　　　　（　　　　）to 〜

3. oppose　　　　（　　　　）to 〜

4. via　　　　　　（　　　）（　　　）of 〜

5. in a row　　　　on（　　　）

Step 3　例文で見出し熟語の用法を押さえよう！　　　目標時間 4 分

① （　　）内から最も適する語を 1 つ選べ。

1. The suspect of the murder case is still（① at / ② by / ③ in / ④ on）large.

2. Our neighbor's cat was nearly run（① across / ② for / ③ over / ④ through）by a car yesterday.

3. Wherever you are, it's never fun to (① admit / ② forgive / ③ permit / ④ recognize) to having done something embarrassing.

② 次の各文の（　　）に最も適する語をア～エから選び，全文を和訳せよ。

1. The cold, gray weather (　　) to the dark atmosphere of the house.

2. Jim, I really admire you for how easily you've (　　) to your new way of life here.

3. In the long drought, some people in the poorer districts (　　) to criminal acts.

4. The proposals (　　) with a lot of criticism at the annual meeting of the stockholders.

ア. adapted　　　イ. added　　　ウ. met　　　エ. resorted

Challenge 入試問題に挑戦しよう！　　　　⏱ 目標時間3分

① 示された日本語の意味を参考にして，空所に最も適する語を記入せよ。

1. ┃ ～経由で ┃

Jack is going to fly back to California by (　　) (　　) Hawaii.　　　　　　　　　　　　　　　　　　　　　　　　（法政大）

2. ┃ ～以外すべて ┃

(　　) (　　) Peter were unable to get to class on time.　（慶大）

② 日本文に合うように（　　）内の語句を正しく並べかえよ。

1. 彼が乗ったバスは 10 分後に到着する予定だ。

The bus (due / got / he / is / on) to arrive in ten minutes.

（神戸親和女大）

2. 私はドアのすぐそばに立っていたので，車椅子の少年のためにドアを開けた。

Since I was (it / for / in / next to / opened / standing / the boy / the door / I /,) the wheelchair.　　　　　　　（東北学院大）

3. 電気工学者として彼は，輸送に係る炭素の削減とエネルギーの節減に電動モーターが役立ち得ることを示す仕事に着手した。

As an electrical engineer he (has set / might contribute / to show / electric motors / how / out) to the reduction of carbon and energy in transport.　　　　　　　　　　　　　　　（上智大）

Part 3 形で覚える 240

Unit 20
動詞句①, ②

熟語番号
429 ～ 450

英熟語ターゲット 1000 [5訂版]
p.162 ～ 169
解答 別冊 p.22

Step 1 見出し熟語の意味を確認しよう！　◯ 目標時間 2 分

① 次の熟語の意味をア～エから選べ。
1. aim at ～　　ア. ～を検討する　イ. ～に集中する　ウ. ～に達する　エ. ～を目指す
2. go about ～　ア. ～に行く　　イ. ～を押し出す　ウ. ～に精を出す　エ. ～を主張する
3. break into ～　ア. ～に侵入する　イ. ～を壊す　　ウ. ～を導入する　エ. ～に転入する
4. enter into ～　ア. ～に賛成する　イ. ～を取り結ぶ　ウ. ～を加える　エ. ～を考慮する
5. interfere with ～　　　ア. ～と一緒にいる　　　　　　イ. ～の邪魔をする
　　　　　　　　　　　　　ウ. ～と同時に起こる　　　　　エ. ～と協調する

② 次の日本語の意味を表す熟語になるように，空所に最も適切な語を入れよ。
1. ～を（どれにするか）決める　　decide（　　　）～
2. （休日などが）～に当たる　　　（　　　）on[upon] ～
3. （物）を（しぶしぶ）手放す　　（p　　）（　　　　）～
4. ～に由来する　　　　　　　　　（d　　）（　　　　）～
5. 最後には～になる　　　　　　　（e　　）（　　　）

Step 2 見出し熟語をさらに掘り下げよう！　◯ 目標時間 1 分

次の語句とほぼ同じ意味を表すように，空所に最も適切な語を入れよ。
1. come across ～　　　（　　　）into ～
2. take pride in ～　　　（　　　）of[about] ～
3. stick to ～　　　　　（a　　）to ～
4. wish for ～　　　　　（l　　）for ～
5. get rid of ～　　　　（d　　）（　　　）～

Step 3 例文で見出し熟語の用法を押さえよう！　◯ 目標時間 4 分

① （　　）内から最も適する語を 1 つ選べ。
1. Unable to control herself, she burst (① across / ② into / ③ off / ④ through) tears at the news.
2. Helen happened to (① find / ② move / ③ run / ④ see) across some old photos while cleaning her desk drawers.

3. The businessperson stopped to (① arise / ② consist / ③ persist / ④ reflect) on which course would be the best for his firm.

② 次の各文の（　　）に最も適する語をア〜エから選び，全文を和訳せよ。

1. Would you （　　） for a security guard who has the keys?
2. Jane's father did not （　　） of her going to the party.
3. The animals that （　　） on plants have teeth with flattened ends.
4. I have no idea what's （　　） of the old statue which used to be here.

ア. approve　　　イ. become　　　ウ. feed　　　エ. send

Challenge 入試問題に挑戦しよう！　　　　　　　⊗ 目標時間 3 分

① 示された日本語の意味を参考にして，空所に最も適する語を記入せよ。

1. ［ 〜を妨げる ］

More than half the college seniors who worked 21 or more hours a week said their work schedule interfered （　　） their studies. 　　　　　　　　　　　　　　　　　　　　　　（昭和女大）

2. ［ 〜を処分する ］

Do not use a recycle bin to (d　　) (　　) paper records containing personal information. 　　　　　　　　　　　（青山学院大）

② 日本文に合うように（　　）内の語句を正しく並べかえよ。

1. 彼の忠告で，彼女はその指輪を手放す決心をした。

His (advice / decide / her / made / part / ring / the / to / with). 　　　　　　　　　　　　　　　　　　　　　　　　　　　（実践女大）

2. もっと長い記事にしてしまうと，読む人は少なくなってしまうでしょう。

A longer story (by / would / read / up / getting / end) fewer people. 　　　　　　　　　　　　　　　　　　　　　　　　　（中央大）

3. アンティークの時計を持つときに出くわす最大の問題の 1 つは，修理できる人がほとんど見つからないということです。

One of the biggest problems (an antique watch / having / into / is / run / when / you'll) that you can find few people who can repair it. 　　　　　　　　　　　　　　　　　　　　　　　（武庫川女大）

Part 3 形で覚える 240

Unit 21
動詞句②

熟語番号
451 ～ 472

英熟語ターゲット 1000 [5訂版]
p.168 ～ 175
....
解答　別冊 p.23

Step 1 　見出し熟語の意味を確認しよう！　⏰ 目標時間 2 分

① 次の熟語の意味をア〜エから選べ。

1. call up 　　　ア. 聞く　　　イ. 叫ぶ　　　ウ. 電話を切る　　エ. 電話をかける
2. blow up 　　　ア. 吹き止む　　イ. 立ち上がる　　ウ. 消える　　　エ. 爆発する
3. drop out 　　　ア. 中断する　　イ. 脱落する　　ウ. 延期する　　エ. 目立つ
4. speak out[up] 　　ア. はっきり話す　　　　　　イ. ゆっくり話す
　　　　　　　　　　　ウ. 告白する　　　　　　　　エ. スピーチをする
5. break down 〜 　　ア. 〜を理解する　　　　　　イ. 〜を驚かせる
　　　　　　　　　　　ウ. 〜を分解する　　　　　　エ. 〜をなだめる

② 次の日本語の意味を表す熟語になるように，空所に最も適切な語を入れよ。

1. 話をやめる　　　　　　　　　　　　（　　　　）up
2. （〜の）速度を落とす　　　　　　　（　　　　）down（〜）
3. 使い果たす　　　　　　　　　　　　(r　　　)(o　　　)
4. 〜を元気づける［応援する］　　　　（　　　　）up 〜
5. 〜をすり減らす［疲れ果てさせる］　（　　　　）out 〜

Step 2 　見出し熟語をさらに掘り下げよう！　⏰ 目標時間 1 分

次の語（句）とほぼ同じ意味を表すように，空所に最も適切な語を入れよ。

1. reduce 　　　　cut（　　　）(on)〜
2. exhaust 　　　　use（　　　）〜
3. summarize 　　(s　　　)(　　　)(〜)
4. pass on 〜 　　(h　　　)(d　　　)〜
5. come to light 　come（　　　）

Step 3 　例文で見出し熟語の用法を押さえよう！　⏰ 目標時間 4 分

① （　　　）内から最も適する語を 1 つ選べ。

1. The room was a mess, so I had to (① figure / ② miss / ③ pull / ④ sort) it out quickly.
2. It rained hard in the morning, but it looks as if it's going to (① bring / ② clear / ③ move / ④ wipe) up by the early evening.

3. According to a study, the more words a person takes (① down / ② off / ③ to / ④ with), the better he remembers the content.

② 次の各文の（　　　）に最も適する語をア〜エから選び，全文を和訳せよ。

1. I'm （　　　） up at the moment but will be free by five.
2. It was in 1999 when Sony （　　　） out the first-generation AIBO.
3. Many houses were （　　　） down in the fires that broke out after the big earthquake.
4. It was on July 23, 1962, when the baseball legend Jackie Robinson （　　　） up to a microphone, not home plate.

ア. burned　　　イ. rolled　　　ウ. stepped　　　エ. tied

Challenge 入試問題に挑戦しよう！　　　　目標時間3分

① 示された日本語の意味を参考にして，空所に最も適する語を記入せよ。

1. ～を要約する

The professor summed （　　　） the lecture in just a few minutes.　　　　　　　　　　　　　　　　　　　　　　（東洋英和女学院大）

2. ～を処理する

Don't worry. We will (s　　　) (　　　) this mess quickly.　（駒澤大）

② 日本文に合うように（　　　）内の語句を正しく並べかえよ。

1. その本はいつ出版されますか？
   When (is / to / out / the / come / book / going)?　　（東北学院大）

2. 私たちはガソリンを切らさないように注意しなければならない。
   We must (don't / that / we / see / to / out / it / run) of gas.
   　　　　　　　　　　　　　　　　　　　　　　　　　　　（関西学院大）

3. 昨年の夏は節電が至上命令だった。
   It was (down / must / electricity / to cut / absolute / an / for us / on) consumption last summer.　　　　　　　　（中央大）

Unit 22
動詞句②, ③

Step 1　見出し熟語の意味を確認しよう！　⏰ 目標時間 2 分

① 次の熟語の意味をア～エから選べ。

1. set off　　　ア. 離陸する　　イ. 利益を生む　ウ. 出発する　　エ. 離れている

2. take over ～　ア. ～を克服する　イ. ～を引き継ぐ　ウ. ～を調べる　エ. ～を作り直す

3. attach A to B　　ア. A を B に取り付ける　　　　イ. A を B に取り換える
　　　　　　　　　　ウ. A を B に戻す　　　　　　　エ. A を B に預ける

4. attribute A to B　ア. A を B のせいと考える　　　イ. A を B に任せる
　　　　　　　　　　ウ. A を B の状態にする　　　　エ. A を B に伝える

5. compare A with[to] B　ア. A を B と共有する　　　　イ. A を B に混ぜる
　　　　　　　　　　　　ウ. A を B と関連づける　　　エ. A を B と比較する

② 次の日本語の意味を表す熟語になるように，空所に最も適切な語を入れよ。

1. (～を) 急にやめる　　　　　　　　break (　　　　) (～)

2. (物・情報など) を次に回す［伝える］　(p　　) (o　　) ～

3. (人・車が) 割り込む　　　　　　　(　　　) (　　　)

4. A を B にさらす　　　　　　　　　(e　　) A (　　　) B

5. A を B に任せる　　　　　　　　　(l　　) A (up) (　　　) B

Step 2　見出し熟語をさらに掘り下げよう！　⏰ 目標時間 1 分

次の語 (句) とほぼ同じ意味を表すように，空所に最も適切な語を入れよ。

1. emit　　　　　　　　　　(g　　) (o　　) ～

2. install　　　　　　　　　put (　　　) ～

3. prevent A from B　　　　(k　　) A from B

4. limit A to B　　　　　　(c　　) A to B

5. compare A to[with] B　　(l　　) A to B

Step 3　例文で見出し熟語の用法を押さえよう！　⏰ 目標時間 4 分

① (　　) 内から最も適する語を 1 つ選べ。

1. He felt ashamed because he didn't have anything to (① make / ② put / ③ show / ④ take) off to anyone.

2. This research (① borrows / ② leases / ③ owes / ④ rents) much to the thoughtful comments from my colleagues at work.

3. I haven't read the new novel yet, so I want to avoid a review that (① does / ② gives / ③ puts / ④ runs) away its ending.

② 次の各文の（　　）に最も適する語をア～エから選び，全文を和訳せよ。

1. It took them some time to (　　) out their differences of opinion.

2. Dieting commonly means eating low-fat and low-calorie food to (　　) off weight.

3. Now that you know where I live, I hope you'll (　　) in when you're in the neighborhood.

4. Once in the room, I stood still for a second, letting my eyes (　　) to the change of light.

ア. adjust　　　イ. drop　　　ウ. iron　　　エ. keep

Challenge　入試問題に挑戦しよう！　　　⊗目標時間3分

① 示された日本語の意味を参考にして，空所に最も適する語を記入せよ。

1. ┃〜を引き継ぐ┃
The global energy conglomerate took (　　) the Tokyo-based power company.　　　　　　　　　　　　　　　　　　　（法政大）

2. ┃A を B に負っている┃
John owes much of his success (　　) his mother.　　　（南山大）

② 日本文に合うように（　　）内の語句を正しく並べかえよ。

1. コンピュータは人間の脳にたとえられる。
Computers (compared / brains / with human / can be).　（大阪経大）

2. アリストテレス曰く，美徳は心を乱す情念によって人間が善きものから逸脱しないよう守ってくれる。
Aristotle said that virtues (from / by / us / swayed / keep / being) distracting passions from what is good.　　　　（上智大）

3. どうか議論されている問題についての発言をするだけにとどめてください。
(remarks / confine / to / making / please / on / under / matter / discussion / yourself / discussing / the).　[1 語不要]　（高知大）

Part 3 形で覚える 240

Unit 23
動詞句③

熟語番号
495 ～ 516

英熟語ターゲット 1000 [5訂版]
p.180 ～ 185
解答　別冊 p.25

Step 1 見出し熟語の意味を確認しよう！

⏷ 目標時間 2 分

① 次の熟語の意味をア～エから選べ。

1. cure *A* of *B*　ア. A の B を壊す　イ. A の B を外す　ウ. A の B を治す　エ. A の B を許す

2. suspect *A* of *B*　ア. B について A を信じる　　　イ. B について A を尊敬する
　　　　　　　　　　ウ. B について A をだます　　　エ. B について A を疑う

3. blame *A* for *B*　ア. B のことで A を非難する　　イ. B は A のおかげである
　　　　　　　　　　ウ. B のことで A をほめる　　　エ. B に向け A を調整する

4. diagnose *A* as *B*　ア. A を B と呼ぶ　　　　　　　イ. A を B のつもりで言う
　　　　　　　　　　　ウ. A を B だと非難する　　　　エ. A を B と診断する

5. prohibit *A* from *B*　ア. A に B を禁止する　　　　　イ. A に B を教える
　　　　　　　　　　　　ウ. A の B を取り除く　　　　　エ. A を B から受け取る

② 次の日本語の意味を表す熟語になるように，空所に最も適切な語を入れよ。

1. A に B を請け合う［保証する］　　（　　　　）A（　　　　）B

2. A を B にちなんで名づける　　　　（　　　　）A（　　　　）B

3. A に B を思いとどまらせる　　　　（d　　　）A（　　　　）B

4. B のことで A を罰する　　　　　　（　　　　）A（　　　　）B

5. A から B を奪う　　　　　　　　　（d　　　）A（　　　　）B

Step 2 見出し熟語をさらに掘り下げよう！

⏷ 目標時間 1 分

次の語句とほぼ同じ意味を表すように，空所に最も適切な語を入れよ。

1. ban *A* from *B*　　　　（f　　　）*A* from *B*

2. turn *A* into *B*　　　　（t　　　）*A* into[to] *B*

3. persuade ～ to *do*　　　（t　　　）*A* into *B*

4. impress *A* as *B*　　　　（s　　　）*A* as *B*

5. present *B* to *A*　　　　present *A*（　　　　）*B*

Step 3 例文で見出し熟語の用法を押さえよう！

⏷ 目標時間 4 分

① （　　）内から最も適する語（句）を 1 つ選べ。

1. We gave a gift to Mary to congratulate her (① at / ② from / ③ on / ④ with) her promotion.

2. Everyone wants money because you can exchange money (① by / ② for / ③ to / ④ with) whatever you want or need.

3. The girl accused her old friend (① for spreading / ② from spreading / ③ of spreading / ④ to spread) rumors about her.

② 次の各文の（　）に最も適する語をア～エから選び，全文を和訳せよ。

1. Worry and stress (　　) us of our youthful energy and vitality.

2. I hope you will (　　) me for having kept you waiting for such a long time.

3. After reading a comment on the book, I decided to (　　) it from an online bookstore.

4. We can (　　) a group of easier words for one difficult word whenever necessary.

ア. forgive　　　イ. order　　　ウ. rob　　　エ. substitute

Challenge　入試問題に挑戦しよう！　⏱目標時間3分

① 示された日本語の意味を参考にして，空所に最も適する語を記入せよ。

1. ┌─────────────┐
   │ A に B を禁止する │
   └─────────────┘
   Please remember that all passengers on this aircraft are strictly prohibited (　　) smoking.　　　　　(藤女大)

2. ┌─────────────┐
   │ B を A のせいにする │
   └─────────────┘
   Don't blame me (　　) this business failure.　　　(駒澤大)

② 日本文に合うように（　）内の語句を正しく並べかえよ。

1. 私は，医者の診察を受けるように妻を説得した。
   I (a doctor / into / my / seeing / talked / wife).　　(東北学院大)

2. 私たちの感謝を伝えるためにこのささやかな贈り物を差し上げたいと思います。
   We would like to (this / you / small / present / with) gift to express our appreciation.　　　　　(武蔵大)

3. 犯罪者の自由を奪うことは，犯罪に対する罰として効果的である。
   It's effective to (their / of / as / deprive / punishment / criminals / freedom / for) their crimes.　　(麗澤大)

Part 3 形で覚える240

Unit 24
動詞句④

熟語番号
517〜538

英熟語ターゲット 1000 [5訂版]
p.186 〜 193
解答　別冊 p.26

Step 1　見出し熟語の意味を確認しよう！　　🕐 目標時間 2 分

① 次の熟語の意味をア〜エから選べ。

1. take turns　　　ア. 終了する　　イ. 合格する　　ウ. 交代でする　　エ. 引き受ける

2. take a chance　ア. 賭ける　　　イ. 幸運を得る　　ウ. 見込みがある　エ. うまくいく

3. make way　　　ア. 道をあける　イ. 屈する　　　ウ. 我が道を行く　エ. 自立する

4. make much of 〜　　ア. 〜を大量生産する　　　　　イ. 〜の大部分をなす
　　　　　　　　　　　　ウ. 〜を複製する　　　　　　　エ. 〜を重要視する

5. have[get] *one's* (*own*) way　ア. 道を切り開く　　　　イ. 思い通りにする
　　　　　　　　　　　　　　　　　ウ. 個性がある　　　　　エ. 道がわかっている

② 次の日本語の意味を表す熟語になるように，空所に最も適切な語を入れよ。

1. (〜に) 発言権 [発言力] を持つ　　have a (s　　　) (in 〜)
2. (あえて) 危険を冒す　　　　　　　(　　　　) (r　　　)
3. 着席する　　　　　　　　　　　　(　　　　) a (　　　　)
4. 〜の生活をする　　　　　　　　　(　　　　) a 〜 (　　　　)
5. 〜を利用する　　　　　　　　　　make (　　　　) (　　　　) 〜

Step 2　見出し熟語をさらに掘り下げよう！　　🕐 目標時間 1 分

次の語 (句) とほぼ同じ意味を表すように，空所に最も適切な語を入れよ。ただし，®には反対の意味を表すように適切な語を入れよ。

1. ridicule　　　　　　　(　　　　) fun (　　　　) 〜
2. take pains　　　　　　make (　　　　) (　　　　)
3. avail *oneself* of 〜　　(　　　　) advantage (　　　　) 〜
4. lose *one's* temper　　® (　　　　) *one's* temper
5. lose control of 〜　　　® (　　　　) control of 〜

Step 3　例文で見出し熟語の用法を押さえよう！　　🕐 目標時間 4 分

① (　　　) 内から最も適する語 (句) を 1 つ選べ。

1. A long time ago, my uncle made (① life / ② a life / ③ living / ④ a living) selling marine products in the surrounding area.

2. I wonder how many countries there are in the world where people shake (① hand / ② a hand / ③ hands / ④ the hands) in greeting.

3. Welcomed by warm applause, she appeared on the stage and took her (① leave / ② place / ③ road / ④ ticket) at the piano.

② 次の各文の（　　）に最も適する語をア〜エから選び，全文を和訳せよ。

1. A new plan for the research has begun to take (　　) in my mind.

2. I had (　　) focusing on studying because I wanted to watch my favorite movie on TV.

3. The hotel which had been closed for some time is said to have changed (　　).

4. My niece, who is a first grader, wants to make (　　) with everyone in her class.

ア. difficulty　　イ. friends　　ウ. hands　　エ. shape

Challenge 入試問題に挑戦しよう！　　⏱ 目標時間３分

① 示された日本語の意味を参考にして，空所に最も適する語を記入せよ。

1. ｜ 〜を利用する ｜

   Be sure to take (　　) (　　) the opportunity to thank them for all their contributions. （法政大）

2. ｜ 思い通りにする ｜

   If children always get their own (　　), it will be hard for them to learn consideration for others. （立教大）

② 日本文に合うように（　　）内の語句を正しく並べかえよ。

1. 最近，スマートフォンがパソコンにとって代わりつつあると言われている。

   Nowadays smartphones (the / said / are / be / to / place / taking) of personal computers. （中京大）

2. スミスさんと彼の妻は彼らの病気の赤ん坊を交代で世話した。

   Mr. Smith and his wife (looking / took / their / after / turns / before) sick baby. ［1 語不要］ （畿央大）

3. 私はいつも上手に時間を使うように心がけている。

   I always try to (effect / good / make / my / of / time / use).
   ［1 語不要］ （日本女大）

53

Part 3 形で覚える 240

Unit 25
動詞句④, ⑤

熟語番号
539 〜 560

英熟語ターゲット 1000 [5訂版]
p.192 〜 199
....
解答　別冊 p.27

Step 1 　見出し熟語の意味を確認しよう！　　🕐 目標時間 2 分

① 次の熟語の意味をア〜エから選べ。

1. *be* peculiar to 〜　ア. 〜に特有である　イ. 〜に関心がある　ウ. 〜に慣れている　エ. 〜に接している

2. give rise to 〜　ア. 〜を引き上げる　イ. 〜を増やす　　ウ. 〜を引き起こす　エ. 〜を実行する

3. *be* contrary to 〜　　ア. 〜に反している　　　　　　　　イ. 〜に一致している
　　　　　　　　　　　　ウ. 〜に似ている　　　　　　　　　エ. 〜に賛成している

4. *be* subject to 〜　　ア. 〜を受けやすい　　　　　　　　イ. 〜より劣っている
　　　　　　　　　　　　ウ. 〜を支配している　　　　　　　エ. 〜に反対している

5. have access to 〜　　ア. 〜を理解できる　　　　　　　　イ. 〜に貢献している
　　　　　　　　　　　　ウ. 〜を利用できる　　　　　　　　エ. 〜に影響している

② 次の日本語の意味を表す熟語になるように，空所に最も適切な語を入れよ。

1. 〜に敏感である　　　　　　　*be* (　　　　) to 〜
2. 〜に慣れている　　　　　　　*be* (a　　　) to 〜
3. 〜と関係がある　　　　　　　*be* (r　　　) to 〜
4. 〜より好ましい [優れている]　*be* (　　　) (　　　　) 〜
5. 〜へたどり着く　　　　　　　find *one's* (　　　) (　　　　) 〜

Step 2 　見出し熟語をさらに掘り下げよう！　　🕐 目標時間 1 分

次の語句とほぼ同じ意味を表すように，空所に最も適切な語を入れよ。ただし，⊗には反対の意味を表すように適切な語を入れよ。

1. *be* liable to 〜　　　　　　　*be* (p　　　) to 〜
2. *be* involved in 〜　　　　　　*be* dedicated (　　　　) 〜
3. take care of 〜　　　　　　　(k　　　) an eye (　　　　) 〜
4. become a victim of 〜　　　　(　　　) victim (　　　) 〜
5. *be* different from 〜　　　　⊗ *be* (s　　　) (　　　　) 〜

Step 3 　例文で見出し熟語の用法を押さえよう！　　🕐 目標時間 4 分

① (　　　) 内から最も適する語を 1 つ選べ。

1. Mr. Kato is superior (① as / ② for / ③ than / ④ to) anyone in the company in his English ability.

2. The stories we read as children can have a strong influence (① by / ② in / ③ on / ④ to) how we think and behave.

3. Historians say Michelangelo was indifferent (① at / ② from / ③ to / ④ with) food and ate more out of necessity than joy.

② 次の各文の（　　）に最も適する語をア〜エから選び，全文を和訳せよ。

1. I recognized Mary as soon as I caught (　　) of her at the airport.

2. Prof. Smith put (　　) on speaking practice in his English lessons last year.

3. I told the curator that I had a great (　　) for paintings done in the *ukiyo-e* style.

4. Statistics show that Japanese women give (　　) to fewer than two children in their lifetime.

ア. birth　　　　イ. emphasis　　　ウ. liking　　　エ. sight

Challenge 入試問題に挑戦しよう！　　　　　🕐 目標時間 3 分

① 示された日本語の意味を参考にして，空所に最も適する語を記入せよ。

1. ┌ ～に似ている ┐

The structure of Japanese sentences is (　　) (　　) that of Korean.　　　　　　　　　　　　　　　　　　　（大阪経大）

2. ┌ ～を利用できる ┐

All students have free (　　) (　　) the internet at school.　　　　　　　　　　　　　　　　　　　（学習院大）

② 日本文に合うように（　　）内の語句を正しく並べかえよ。

1. 我々の祖父母がどんな生活様式を選ぶかということが，我々の健康に永続的な影響を与えるということがあり得る。

Our grandparents' lifestyle (could / health / choices / on / lasting / our / effects / have).　　　　　　　（尾道市大）

2. 科学研究はもっぱら人類を迷信から遠ざけるためのものである。

Scientific research (dedicated / is / distancing / to / humanity) from superstitions.　　　　　　　　　　　（青山学院大）

Part 3 形で覚える 240

Unit 26
動詞句⑤

熟語番号
561 〜 582

英熟語ターゲット 1000 [5訂版]
p.200 〜 205

解答 別冊 p.28

Step 1   見出し熟語の意味を確認しよう！

🕐 目標時間 2 分

① 次の熟語の意味をア〜エから選べ。

1. *be* tolerant of 〜 　ア. 〜を知っている 　　　　イ. 〜に対して寛大である
　　　　　　　　　　　　ウ. 〜を心配している 　　　　エ. 〜から構成されている

2. *be* acquainted with 〜 　ア. 〜と知り合いである 　イ. 〜に満足している
　　　　　　　　　　　　ウ. 〜に慣れている 　　　　　エ. 〜に賛成である

3. *be* confident of[about] 〜 　ア. 〜を誇りに思っている 　イ. 〜を確信している
　　　　　　　　　　　　ウ. 〜に注意している 　　　　エ. 〜と一致している

4. *be* equipped with 〜 　ア. 〜に詳しい 　　　　　　イ. 〜にうんざりしている
　　　　　　　　　　　　ウ. 〜に関心がある 　　　　　エ. 〜を備えている

5. *be* absorbed in 〜 　ア. 〜に熱中している 　　　　イ. 〜に従事している
　　　　　　　　　　　　ウ. 〜に反映されている 　　　エ. 〜に積極的である

② 次の日本語の意味を表す熟語になるように，空所に最も適切な語を入れよ。

1. 〜に携わっている 　　　　　　*be* (i　　　) (　　　　　) 〜
2. 〜を知らない 　　　　　　　　*be* (　　　) (　　　　　) 〜
3. 〜で忙しい 　　　　　　　　　*be* (b　　　) (　　　　　) 〜
4. 〜に対して思いやりのある 　　*be* (c　　　) (　　　　　) 〜
5. 〜に欠けている 　　　　　　　*be* (l　　　) (　　　　　) 〜

Step 2   見出し熟語をさらに掘り下げよう！

🕐 目標時間 1 分

次の語句とほぼ同じ意味を表すように，空所に最も適切な語を入れよ。ただし，⊗には
反対の意味を表すように適切な語を入れよ。

1. *be* rich in 〜 　　　　　*be* (a　　　) in 〜
2. *be* careful of 〜 　　　　*be* (w　　　) of 〜
3. *be* faced with 〜 　　　　*be* (c　　　) (　　　　　) 〜
4. *be* fit for 〜 　　　　　　*be* (s　　　) (　　　　　) 〜
5. *be* innocent of 〜 　　　 ⊗ *be* (　　　) of 〜

Step 3   例文で見出し熟語の用法を押さえよう！

🕐 目標時間 4 分

① (　　　) 内から最も適する語を 1 つ選べ。

1. Yuta got first prize in the contest, but later wondered if he was worthy (① at / ② in / ③ of / ④ with) the prize.
2. While waiting, I visited a nearby wine bar that was popular (① between / ② for / ③ on / ④ with) English residents of Paris.
3. He was ruled innocent; we'd been (① attached / ② convinced / ③ dedicated / ④ engaged) of his innocence from the beginning.

② 次の各文の（　　）に最も適する語をア～エから選び，全文を和訳せよ。
1. They loved each other and were (　　) with what little they had.
2. Sliding doors are (　　) of the traditional Japanese architecture.
3. This proposal is almost (　　) to the one our group made a couple of months ago.
4. Prof. Smith, who is from the USA, is well (　　) in Japanese literature, especially novels.

ア. characteristic　イ. content　　ウ. identical　　エ. versed

Challenge　入試問題に挑戦しよう！　　　　　⏱目標時間３分

① 示された日本語の意味を参考にして，空所に最も適する語を記入せよ。
1. ～に熱中している
   Ken was (a　　) in practicing the guitar.　　　　　　　　　（高知大）
2. ～を備えている
   Robert's new car is (　　) (　　) a great music system and a sunroof.　　　　　　　　　（南山大）

② 日本文に合うように（　　）内の語句を正しく並べかえよ。
1. 父はパワーハラスメント防止の運動に携わっている。
   My father is (a campaign / in / to / prevent / involved) power harassment.　　　　　　　　　（椙山女学園大）
2. エアコンは上着やネクタイを着用した男性に適した温度に設定されていた。
   The air-conditioning was (a temperature / at / for men / more suitable / set) wearing jackets and neckties.　　　　　　　　　（武蔵大）

Unit 27
動詞句⑤, ⑥, 前置詞句

Step 1　見出し熟語の意味を確認しよう！　　目標時間 2 分

① 次の熟語の意味をア〜エから選べ。

1. make it　　　　ア. 約束する　　イ. 偶然会う　　ウ. 失敗する　　エ. うまくやる
2. go blind　　　　ア. 失明する　　イ. 無視する　　ウ. 気絶する　　エ. 激怒する
3. come into being　ア. 出くわす　　イ. 開始する　　ウ. 出現する　　エ. 入会する
4. in need of 〜　　ア. 〜とともに　イ. 〜に関して　ウ. 〜と調和して　エ. 〜を必要として
5. in terms of 〜　　ア. 〜の場合　　イ. 〜の観点から　ウ. 〜に反対して　エ. 〜を探して

② 次の日本語の意味を表す熟語になるように，空所に最も適切な語を入れよ。

1. (夢・予言などが) 実現する　　　　　（　　　）true
2. 〜に賛成して　　　　　　　　　　　in (f　　　)（　　　）〜
3. 〜についてやかましい [気難しい]　be (　　　)（　　　）〜
4. (B と) 共通に A を持っている　　　have A (　　　)（　　　）(with B)
5. 〜と著しく違って　　　　　　　　　（　　　）（　　　）to[with] 〜

Step 2　見出し熟語をさらに掘り下げよう！　　目標時間 1 分

次の語 (句) とほぼ同じ意味を表すように，空所に最も適切な語を入れよ。ただし，⊗に
は反対の意味を表すように適切な語を入れよ。

1. in peril of 〜　　　　　in (d　　　) of 〜
2. get sick with 〜　　　　come (　　　)（　　　）〜
3. be appreciative of 〜　　be (g　　　)（　　　）〜
4. despite　　　　　　　　in (the) (f　　　)（　　　）〜
5. do 〜 harm　　　　　　⊗ do 〜 (　　　)

Step 3　例文で見出し熟語の用法を押さえよう！　　目標時間 4 分

① (　　) 内から最も適する語 (句) を 1 つ選べ。

1. We should keep this in (① fit / ② line / ③ mind / ④ touch) : alcohol should be kept out of the hands of the young.
2. More people are beginning to sign up (① as / ② for / ③ in / ④ through) universities' online programs these days.

3. We can't look (① back on / ② down on / ③ on as / ④ up to) our childhood without feeling how happy we were in those days.

② 次の各文の（　）に最も適する語をア～エから選び，全文を和訳せよ。
1. Please tell him to get in （　　　） with me as soon as possible.
2. In （　　　） to your request, we're sending these packages at our expense.
3. The manager suggested that they put the new project into （　　　） right away.
4. The news that a boy had successfully swum across the bay took us all by （　　　）.

ア. practice　　　イ. response　　　ウ. surprise　　　エ. touch

Challenge　入試問題に挑戦しよう！　⏱ 目標時間３分

① 示された日本語の意味を参考にして，空所に最も適する語を記入せよ。
1. ┌─────────────┐
   │（病気）にかかる│
   └─────────────┘
   When you are （　　　） down （　　　） a cold, you may feel tired all day.　　　（青山学院大）
2. ┌──────────────────┐
   │〜を心にとどめておく│
   └──────────────────┘
   In order to achieve our goal, we should bear （　　　） （　　　） the original objectives of our study.　　　（関西学院大）

② 日本文に合うように（　）内の語句を正しく並べかえよ。
1. わからない本を読んでも，ためになりません。
   (won't / to / it / you / any / good / do) read books you don't understand.　　　（北星学園大）
2. その改革案に賛成する人の割合は，過去最高にのぼっています。
   (favor / has / in / of / reached / the percentage of people / the reform plan) a record high.　　　（武庫川女大）
3. この芝刈り機は使いやすさの点で優れている。
   This lawn mower is (of / place / terms / excellent / ease / in) of use. ［1語不要］　　　（成蹊大）

Part 3 形で覚える 240

Unit 28
前置詞句, 形容詞句・副詞句

熟語番号
605 ～ 626

英熟語ターゲット 1000 [5訂版]
p.212 ～ 219
解答 別冊 p.30

Step 1　見出し熟語の意味を確認しよう！　　🕐 目標時間 2 分

① 次の熟語の意味をア～エから選べ。

1. in charge of ～　ア. ～を享受して　イ. ～と交換に　ウ. ～を支持して　エ. ～を預かって
2. for lack of ～　ア. ～がないために　イ. ～に頼って　ウ. ～という理由で　エ. ～を探して
3. by virtue of ～　ア. ～に比べると　イ. ～の偶然で　ウ. ～のおかげで　エ. ～の目的で
4. in the presence of ～　ア. ～のいるところ [面前] で　　イ. ～に敬意を表して
　　　　　　　　　　　　　　ウ. ～を考慮して　　　　　　　エ. ～に賛成して
5. at the mercy of ～　ア. ～のおかげで　　　　　　　イ. ～の初めに
　　　　　　　　　　　　ウ. ～のなすがままになって　　エ. ～のことを考えると

② 次の日本語の意味を表す熟語になるように, 空所に最も適切な語を入れよ。

1. ～のために　　　　　　for the (s　　　) (　　　) ～
2. ～を代表して　　　　　on[in] (　　　) (　　　) ～
3. ～に敬意を表して　　　in (　　　) (　　　) ～
4. ～を見て　　　　　　　at (the) (　　　) (　　　) ～
5. 順々に　　　　　　　　in (　　　)

Step 2　見出し熟語をさらに掘り下げよう！　　🕐 目標時間 1 分

次の語 (句) とほぼ同じ意味を表すように, 空所に最も適切な語を入れよ。

1. partly　　　　　　　　　(　　　) (　　　)
2. concerning　　　　　　　(　　　) regard (　　　) ～
3. as regards ～　　　　　　(　　　) relation (　　　) ～
4. with the help of ～　　　(　　　) means (　　　) ～
5. instead of ～　　　　　　in (p　　　) (　　　) ～

Step 3　例文で見出し熟語の用法を押さえよう！　　🕐 目標時間 4 分

① (　　　) 内から最も適する語を 1 つ選べ。

1. As a kid, I earned a small amount of money in exchange (① at / ② for / ③ to / ④ with) walking a neighbor's dog.
2. In the English conversation class, most of the students kept silent for (① case / ② fear / ③ sake / ④ want) of making mistakes.

3. The speaker talked about the importance of reading (① as / ② but / ③ so / ④ that) opposed to playing video games.

② 次の各文の (　　) に最も適する語をア～エから選び，全文を和訳せよ。

1. The craftsman said that he couldn't increase quantity at the (　　) of quality.

2. We should aspire to live in (　　) with people of all religions, races and nations.

3. Johann Fichte was fired from the University of Jena in 1799 on a (　　) of atheism.

4. In (　　) of the structure and function of the body, apes are almost identical to us humans.

ア. charge　　　イ. expense　　　ウ. harmony　　　エ. light

Challenge 入試問題に挑戦しよう！　　　🕐 目標時間3分

① 示された日本語の意味を参考にして，空所に最も適する語を記入せよ。

1. ～に関して（は）
   With (　　) (　　) our plan, if something needs changing, please let me know. 　　　　　　　　　　　　　　　　（亜細亜大）

2. ～と交換に
   (　　) (　　) for furs, the mariners offered European manufactured goods, especially beads, kettles, hatchets, and knives. 　　　　　　　　　　　　　　　　　　（上智大）

② 日本文に合うように (　　) 内の語句を正しく並べかえよ。

1. 皆さんを代表して，ケイトさんにお礼を申し上げたいと思います。
   On behalf (I / express / would / of / like / everyone / to) our thanks to Kate. 　　　　　　　　　　　　　　　（東京経大）

2. 私は子供たちのためにタバコをやめた。
   I (children / the / of / up / sake / for / to / gave / the / smoking). ［1語不要］ 　　　　　　　　　　　　（高知大）

Part 3 形で覚える 240
Unit 29
形容詞句・副詞句

熟語番号
627 〜 648

英熟語ターゲット 1000〔5訂版〕
p.218 〜 225

解答 別冊 p.31

Step 1　見出し熟語の意味を確認しよう！　　🕐 目標時間 2 分

① 次の熟語の意味をア〜エから選べ。

1. at intervals　ア. すぐに　　イ. 時折　　ウ. 一般的に　　エ. 対立して
2. in demand　ア. 需要があって　イ. 命令して　ウ. 危険な状態で　エ. ゆったりとして
3. on (the[an]) average　ア. 平均以上の　イ. 平均して　ウ. 例外的に　エ. 詳細に
4. on (one's) guard　ア. 警戒して　イ. 熟慮して　ウ. 手元に　エ. 信用して
5. in place　ア. 手短に言えば　　　　イ. 間近に
　　　　　　ウ. とらわれの身で　　　エ. あるべき場所に

② 次の日本語の意味を表す熟語になるように，空所に最も適切な語を入れよ。

1. 職場で　　　　　　　（　　　）work
2. 一方で　　　　　　　in the（　　　）
3. 〜の程度に　　　　　to 〜（d　　）
4. 増加中で　　　　　　（　　　）the（r　　　）
5. 〜の基準［原則］で　（　　　）a 〜（　　　）

Step 2　見出し熟語をさらに掘り下げよう！　　🕐 目標時間 1 分

次の語句とほぼ同じ意味を表すように，空所に最も適切な語を入れよ。ただし，®には反対の意味を表すように適切な語を入れよ。

1. in danger　　　　　at（　　　）
2. deep down　　　　（a　　）（h　　）
3. at one's wit's end　（a　　）a（　　　）
4. most likely　　　　in（　　　）（l　　　）
5. off the mark　　　®（　　　）the（p　　）

Step 3　例文で見出し熟語の用法を押さえよう！　　🕐 目標時間 4 分

① （　）内から最も適する語を 1 つ選べ。

1. To（① get / ② have / ③ let / ④ make）matters worse, my father lost his house key somewhere last night.
2. （① At / ② By / ③ On / ④ To）my surprise, when I reached the top, three people were already there chatting.

3. Constant deforestation may have a serious impact on climate conditions (① among / ② into / ③ on / ④ with) a global scale.

② 次の各文の（　　）に最も適する語をア～エから選び，全文を和訳せよ。

1. In philosophical terms, it may be so, but in (　　), it isn't that simple.

2. It's clearly to your (　　) to be versed in the latest information technology.

3. In the store I entered, the prices of the goods on (　　) were all clearly shown.

4. At first (　　) I took a tall boy with a broad smile to be Tom, but I was completely wrong.

ア. advantage　　イ. display　　ウ. practice　　エ. sight

Challenge 入試問題に挑戦しよう！　　⏱目標時間3分

① 示された日本語の意味を参考にして，空所に最も適する語を記入せよ。

1. | 十中八九 |

Rapid expansion will (　　) all (　　) reduce short-term profits. (東京理科大)

2. | 危険な状態で |

Older people with chronic illnesses are usually (　　) greater risk of contracting colds and influenza. (早大)

② 日本文に合うように（　　）内の語句を正しく並べかえよ。

1. 私は彼がどの程度信頼され得るのかほとんどわかりません。
I hardly know (he / to what extent / trusted / be / can). (愛知大)

2. 国連の世界データによると，女性は平均して男性より4.5歳長生きする。
According to United Nations world data, women live on (4.5 / than / average / years / longer) men. (昭和女大)

3. 私は彼を慰めようとしたが，何を言っていいか途方に暮れて，頭に浮かぶことばかりを話しつづけていた。
I wanted to comfort him, but (a / anything / at / being / for / loss) to say, I just kept talking about whatever came into my head. (上智大)

Part 3 形で覚える 240，Part 4 文法・構文で覚える 170

Unit 30
形容詞句・副詞句，文法①

熟語番号
649 〜 670

英熟語ターゲット 1000［5訂版］
p.224 〜 233

解答　別冊 p.32

Step 1　見出し熟語の意味を確認しよう！　　🕐 目標時間2分

① 次の熟語の意味をア〜エから選べ。

1. what we call 〜　　ア. すなわち〜　　イ. いわゆる〜　　ウ. 確かに〜　　エ. さらに〜

2. under construction　ア. 工事予定で　　イ. 工事中で　　　ウ. 工事が止まって　エ. 工事が終わって

3. may well *do*　　　ア. …するつもりだ　　　　　　　　イ. おそらく…するだろう
　　　　　　　　　　　ウ. …するのも同じだ　　　　　　　エ. むしろ…したほうがよい

4. the last 〜 to *do*　ア. 最も…した〜　　　　　　　　イ. 最も…しそうな〜
　　　　　　　　　　　ウ. 最も…すべき〜　　　　　　　エ. 最も…しそうでない〜

5. have *A* to do with *B*　ア. A と B をつなぐ　　　　　イ. A と B を両立する
　　　　　　　　　　　ウ. B と A の関係がある　　　　　エ. B に A で対処する

② 次の日本語の意味を表す熟語になるように，空所に最も適切な語を入れよ。

1. 現在の〜　　　　　　　（　　　　）〜 is
2. 〜から以後は　　　　　（　　　　）〜（　　　　）
3. …するのも同じだ　　　might (just)（　　　）（　　　）*do*
4. 実を言えば　　　　　　to（　　　　）(you) the（　　　　）
5. 〜の視点から（は）　　from 〜（　　　）of（　　　）

Step 2　見出し熟語をさらに掘り下げよう！　　🕐 目標時間1分

次の語（句）とほぼ同じ意味を表すように，空所に最も適切な語を入れよ。ただし，⊗には反対の意味を表すように適切な語を入れよ。

1. surely　　　　　for（　　　　）
2. lately　　　　　（　　　　）late
3. voluntarily　　　（　　　）*one's* own (a　　　)
4. out of date　　　（　　　）the（　　　）
5. in character　　　⊗（　　　）（　　　）character

Step 3　例文で見出し熟語の用法を押さえよう！　　🕐 目標時間4分

① （　　）内から最も適する語を1つ選べ。

1. You cannot be (① enough / ② much / ③ too / ④ very) careful when you drive in stormy weather.

2. No matter (① how / ② however / ③ what / ④ whatever) busy John is, he never fails to call his grandparents at least once a week.

3. I want something to read while I wait in the hospital; anything will (① be / ② come / ③ do / ④ go) if it's interesting.

② 次の各文の （ ）に最も適する語（句）をア～エから選び，全文を和訳せよ。

1. The sunrise we saw from the beach was beautiful （ ） description.

2. Construction of the building has been （ ） way for some time now.

3. On Friday evenings, there is a ceremony which is held every week （ ） fail.

4. After running hard for thirty minutes, Emily was （ ） breath, so she sat down to rest.

ア. beyond　　イ. out of　　ウ. under　　エ. without

Challenge　入試問題に挑戦しよう！　　⏱目標時間3分

① 示された日本語の意味を参考にして，空所に最も適する語を記入せよ。

1. 　建築中で
The stadium has been （ ） （ ）.　　　　　（大阪経大）

2. 　性格に合わない
It's quite out （ ） （ ） for her to say such a thing.
　　　　　　　　　　　　　　　　　　　　　　　　　　　　　（青山学院大）

② 日本文に合うように （ ）内の語句を正しく並べかえよ。

1. ジョンが試験に落ちるなんてあり得ないだろう。
John would be (to / person / the / last) fail the examination.
　　　　　　　　　　　　　　　　　　　　　　　　　　　　　（駒澤大）

2. 彼女が息子を自慢するのも無理はない。
She may (be / son / of / well / proud / her).　　（北星学園大）

3. 他人の立場からものを見ることは問題解決に大いに役に立つ。
Seeing something (help / of / can / point / person's / from / view / another) a lot in solving problems.　　（中京大）

Part 4 文法・構文で覚える170

Unit 31
文法①, ②

熟語番号
671 ～ 692

英熟語ターゲット1000［5訂版］
p.232 ～ 241
....
解答　別冊 p.33

Step 1　見出し熟語の意味を確認しよう！　　🕐 目標時間2分

① 次の熟語の意味をア～エから選べ。

1. as many as ～　ア. 少なくとも～　イ. ～もの数の　ウ. ～より少ない　エ. ～同然の

2. cannot help *doing*　ア. …することができない　　　イ. …する助けにならない
　　　　　　　　　　　　ウ. …せざるを得ない　　　　　　エ. …しなくてもよい

3. needless to say　ア. 控え目に言って　　　　　　イ. 話したくはないが
　　　　　　　　　　ウ. 言うまでもなく　　　　　　エ. 言ってみれば

4. that much + 比較級　ア. それだけいっそう～　　　　イ. ～にもかかわらず
　　　　　　　　　　　ウ. ～と同様に　　　　　　　　エ. それくらい～

5. *be* used to *doing*　ア. …することに慣れている　　イ. …するのに役立つ
　　　　　　　　　　　　ウ. かつて…したものだ　　　　エ. …することに反対である

② 次の日本語の意味を表す熟語になるように，空所に最も適切な語を入れよ。

1. 冗談はさておき　　　　　　（j　　　）（　　　　　）
2. ～と言えば　　　　　　　　（　　　　）（　　　　　）～
3. ～から判断すると　　　　　（　　　　）（　　　　　）～
4. もう少しで…しそうになる　（c　　　）（　　　　　）to *doing*
5. 誰［どれ］にも劣らず～　　as ～（　　　　）（　　　　）

Step 2　見出し熟語をさらに掘り下げよう！　　🕐 目標時間1分

次の語（句）とほぼ同じ意味を表すように，空所に最も適切な語を入れよ。

1. let alone ～　　　　　　　　　　　（　　　）less ～
2. almost　　　　　　　　　　　　　　（　　　）（　　　）as ～
3. namely　　　　　　　　　　　　　　（　　　）is to（　　　）
4. *be* inclined to *do*　　　　　　　（　　　）（　　　）*doing*
5. with the intention of *doing*　　with a（　　　）（　　　）*doing*

Step 3　例文で見出し熟語の用法を押さえよう！　　🕐 目標時間4分

① （　　　）内から最も適する語（句）を1つ選べ。

1. Yui got all the（① little / ② much / ③ more / ④ very）nervous because she had to speak in English.

2. I'll report you to the boss if I catch you (① sleep / ② slept / ③ sleeping / ④ to sleep) at work again.

3. Twenty years on, John says he would (① better / ② like / ③ rather / ④ well) eat Japanese food than any other kind.

② 次の各文の（　　）に最も適する語をア〜エから選び，全文を和訳せよ。

1. Time has no value in (　　); the value lies in how we make use of it.

2. The person we met in the elevator proved to be (　　) other than the famous actor.

3. On weekends nobody else is up before ten, so Ken has the living room all to (　　).

4. The advance of technology seems to create in us new kinds of desires one after (　　).

ア. another　　　イ. himself　　　ウ. itself　　　エ. none

Challenge 入試問題に挑戦しよう！　⏱目標時間3分

① 示された日本語の意味を参考にして，空所に最も適する語を記入せよ。

1. 言うまでもなく

Water is, (　　) to (　　), indispensable to our daily life.

（大阪経大）

2. …することに慣れている

I am not (　　) (　　) taking orders from anyone.　　（神奈川大）

② 日本文に合うように（　　）内の語句を正しく並べかえよ。

1. そんな変なドレスを着るぐらいなら，パーティーを欠席する方がましです。

I (attend / not / rather / would / than / the party) wear a strange dress like that.

（駒澤大）

2. それでもなお，ある種の差別がかつての奴隷制度のように当たり前のこととして受け入れられる暗黒社会の描写に，本の読者は慄然とせざるを得ない。

Nevertheless, the book's readers (a certain kind / being horrified / cannot / at the portrayal of / help / where / as the norm / is accepted / a dystopian society / of discrimination) as once slavery was.

（北里大）

Unit 32
文法②

Step 1　見出し熟語の意味を確認しよう！　🕐 目標時間 2 分

① 次の熟語の意味をア～エから選べ。

1. as it is　　　ア. 実際のところは　イ. いわば　　ウ. 現状では　　エ. たまたま
2. to the full[fullest]　ア. 完璧に　　イ. 全盛期で　　ウ. せいぜい　　エ. 心ゆくまで
3. Couldn't be better.　ア. そのとおりです。　　　　イ. 最高です。
　　　　　　　　　　　ウ. どういたしまして。　　　エ. あまりよくありません。
4. provided (that) ...　ア. …でありさえすれば　　イ. もし…ならば
　　　　　　　　　　　ウ. …という理由で　　　　エ. …だけれども
5. when it comes to ~　ア. ~を考慮すると　　　　イ. ~にかかわらず
　　　　　　　　　　　ウ. ~があれば　　　　　　エ. ~のこととなると

② 次の日本語の意味を表す熟語になるように，空所に最も適切な語を入れよ。

1. …でありさえすれば　　　　　(i　　　)(　　　　) ...
2. まったく~ない　　　　　　　not ~ (in)(　　　)(　　　　)
3. …しないだけの分別がある　　(　　　) better (　　　) to *do*
4. (人) の知る限り (では)　　　to the (　　　) of *one's* (　　　)
5. 次のとおり　　　　　　　　　(　　　)(f　　　)

Step 2　見出し熟語をさらに掘り下げよう！　🕐 目標時間 1 分

次の語（句）とほぼ同じ意味を表すように，空所に最も適切な語を入れよ。

1. as soon as ...　　　　　　the (m　　　) ...
2. to make matters worse　worse (s　　　)
3. whenever　　　　　　　　(　　　) time ...
4. besides　　　　　　　　　(　　　) is (　　　)
5. as for ~　　　　　　　　as[so] (　　　) as ~ *be* (　　　)

Step 3　例文で見出し熟語の用法を押さえよう！　🕐 目標時間 4 分

① (　　　) 内から最も適する語を 1 つ選べ。

1. That new building in front of the station is (① as / ② by / ③ over / ④ with) far the tallest in the city.

2. As company bosses (① come / ② do / ③ go / ④ follow), I think Mr. Yoshida is much younger than most.
3. Now that he has lived in Paris for six months, Kei speaks French (① by / ② of / ③ to / ④ with) greater ease.

② 次の各文の（　）に最も適する語をア～エから選び，全文を和訳せよ。
1. If it were not (　) music, our lives would be dull and boring.
2. He donated some money in hopes of reducing the number of people who starve (　) death.
3. Dogs are remarkably similar to human infants (　) the way they pay attention to us adults.
4. As is often the case (　) Davis, he overslept by half an hour and was late for class today.

ア. for　　　　イ. in　　　　ウ. to　　　　エ. with

Challenge　入試問題に挑戦しよう！　　　⏱ 目標時間3分

① 示された日本語の意味を参考にして，空所に最も適する語を記入せよ。
1. | はるかに |
That is (　) (　) the best song I've ever heard.　(実践女大)
2. | さらに |
The new regulations were successful in protecting local industry and, (　) (　) more, they led to the creation of many new jobs.　(慶大)

② 日本文に合うように（　）内の語句を正しく並べかえよ。
1. いつもそこに行くたびに，昔を思い出す。
(time / go / I / every) there, I remember the old days.　(駒澤大)
2. 私はそんなことをするほどばかではない。
I (than / do / know / better / to) such a thing.　(北星学園大)
3. 海外留学というと，どんなことが一番心配になりますか。
What is your biggest concern (comes / when / studying / it / talks / to) abroad? [1 語不要]　(成蹊大)

Part 4 文法・構文で覚える170

Unit 33

文法②，構文①

熟語番号

715 ～ 736

英熟語ターゲット 1000 [5訂版]
p.246 ～ 253

解答　別冊 p.35

Step 1 　見出し熟語の意味を確認しよう！　　　🕐 目標時間 2 分

① 次の熟語の意味をア～エから選べ。

1. It happens that ....　ア. 続けて…する。　イ. たまたま…だ。　ウ. …を思いつく。　エ. うわさでは…だ。

2. never *do* without ～　　ア. …すれば必ず～する　　　イ. …するとすぐに～する
　　　　　　　　　　　　　　ウ. …しても～できない　　　エ. …することで～できる

3. (The) Chances are (that) ....　ア. 偶然…だ。　　　　　　　イ. たぶん…だろう。
　　　　　　　　　　　　　　　　ウ. …の機会がある。　　　　エ. 幸運にも…する。

4. Nothing is more *A* than *B*.　ア. A に勝る B はない。　　　イ. A と B は同等である。
　　　　　　　　　　　　　　　　ウ. B というよりむしろ A だ。　エ. B ほど A なものはない。

5. (It is) No wonder (that) ....　ア. …なのは当然だ。　　　　イ. 決して…ではない。
　　　　　　　　　　　　　　　　ウ. …はありえない。　　　　エ. …だとは限らない。

② 次の日本語の意味を表す熟語になるように，空所に最も適切な語を入れよ。

1. まさかと思うような話だが　　（　　　）it（　　　）not
2. …なのは言うまでもない。　　（　　　）goes（　　　）saying that ....
3. ～になって初めて…する。　　It is not（　　　）～（　　　）....
4. 前者は～，後者は…　　　　　the（　　　）～, the（　　　）...
5. 確かに～だが，…だ。　　　　It is (t　　　）～,（　　　）....

Step 2 　見出し熟語をさらに掘り下げよう！　　　🕐 目標時間 1 分

次の語句とほぼ同じ意味を表すように，空所に最も適切な語を入れよ。

1. not so[very] ～　　　　　　　not（　　　）that ～
2. It is impossible to *do*.　　（　　　）is（　　　）*doing*.
3. do not even *do*　　　　　　not（　　　）much（　　　）*do*
4. ... as soon as ～　　　　　　no（　　　）～（　　　）...
5. *B* rather than *A*　　　　　not so（　　　）*A*（　　　）*B*

Step 3 　例文で見出し熟語の用法を押さえよう！　　　🕐 目標時間 4 分

① （　　）内から最も適する語（句）を 1 つ選べ。

1. It is no (① content / ② meaning / ③ sense / ④ use) regretting
what you didn't do.

2. (① Few / ② Hardly / ③ Little / ④ No) had we reached the cottage when it began to rain.

3. Generally speaking, (① if long / ② so longer / ③ the longer / ④ the longest) you practice, the better you'll get at anything.

② 次の各文の（　）に最も適する語をア〜エから選び，全文を和訳せよ。

1. It is high time (　　　) I bought a pair of new shoes.

2. Friendship is to people (　　　) sunshine is to flowers.

3. Just (　　　) some people are born artists, so some are born athletes.

4. At the time, we all hoped it wouldn't be long (　　　) the epidemic came to an end.

ア. as　　　　　イ. before　　　　ウ. that　　　　エ. what

Challenge 入試問題に挑戦しよう！　　　⏱目標時間3分

① 示された日本語の意味を参考にして，空所に最も適する語を記入せよ。

1. ┌─────────────────┐
   │ …することはできない。 │
   └─────────────────┘
   There (　　) (　　) telling when you will meet Mr. Right.
   （青山学院大）

2. ┌─────────────────────┐
   │ …なのは言うまでもない。 │
   └─────────────────────┘
   It (　　) (　　) saying that health is more important than money.
   （兵庫県大）

② 日本文に合うように（　）内の語句を正しく並べかえよ。

1. 私が家に着くやいなや，電話が鳴り出した。
   No (I / got / had / home / phone / ringing / sooner / started / than / the).
   （実践女大）

2. 運転しながら携帯電話でしゃべることほど危険なことはない。
   (dangerous / on / nothing / talking / is / than / more) a cell phone while you are driving.
   （摂南大）

3. 私が水恐怖症を克服したのは20歳のころである。
   It (I / I / was / wasn't / overcame / fear / water / twenty / until / that / my / of).
   （高知大）

Unit 34
構文①, ②

Step 1　見出し熟語の意味を確認しよう！　🕐 目標時間 2 分

① 次の熟語の意味をア～エから選べ。

1. bother to *do*　ア. …したい　イ. 偶然…する　ウ. どうにか…する　エ. わざわざ…する

2. go so far as to *do*　ア. …しさえする　　　　　イ. …しに遠くまで行く
　　　　　　　　　　　　　ウ. …しなければならない　エ. …するのを避ける

3. make a point of *doing*　ア. …する意味がある　　イ. …することができる
　　　　　　　　　　　　　ウ. …することを重視する　エ. …することを理解する

4. leave nothing to be desired　ア. 何も用事がない　　イ. 何も話したくない
　　　　　　　　　　　　　ウ. よい物を何も残さない　エ. 申し分ない

5. All *one* has to do is (to) *do*.　ア.（人は）…したほうがよい。　イ.（人は）ただ…すればよい。
　　　　　　　　　　　　　ウ.（人は）…するのも同然だ。　エ.（人は）…しても意味がない。

② 次の日本語の意味を表す熟語になるように，空所に最も適切な語を入れよ。

1. 偶然…する　　　　　　　　　　(h　　) to *do*
2. …することになっている　　　　*be* (s　　) to *do*
3. …して（時間・期間）を過ごす　(　　　) ～ (in) *doing*
4. 終わる　　　　　　　　　　　(　　　) (　　　) an end
5. （結果などは）未定である　　　(　　　) to be (　　　)

Step 2　見出し熟語をさらに掘り下げよう！　🕐 目標時間 1 分

次の語句とほぼ同じ意味を表すように，空所に最も適切な語を入れよ。

1. *be* compelled to *do*　　　　　*be* (f　　) to *do*
2. have a[the] right to *do*　　　　*be* (e　　) to *do*
3. *be* apt to *do*　　　　　　　　(　　　) to *do*
4. *be* kind enough to *do*　　　　(t　　) the (　　　) to *do*
5. There is nothing for it but to *do*　have no (other) (　　　) (　　　) to *do*

Step 3　例文で見出し熟語の用法を押さえよう！　🕐 目標時間 4 分

① (　　) 内から最も適する語（句）を 1 つ選べ。

1. To know is one thing, and to teach is (① another / ② other /
③ the other / ④ the others).

2. The invention made by Samuel Morse in the 1830s was (① call / ② calling / ③ to call / ④ to be called) the telegraph later.

3. After a few hours of hard work, the boy finally managed (① solve / ② solving / ③ to solve / ④ having solved) the math problem.

② 次の各文の（　）に最も適する語をア～エから選び，全文を和訳せよ。

1. No society can (　　) to ignore air pollution or climate change.

2. (　　) it to say that she didn't do her duty as she was supposed to have done.

3. It is humans' activities that are to (　　) for this climate change we're seeing.

4. I can't (　　) myself to throw away a perfectly good glove although I'll never find the other one.

ア. afford　　　イ. blame　　　ウ. bring　　　エ. suffice

. . . .

Challenge 入試問題に挑戦しよう！　　　　　　⏰ 目標時間3分

① 示された日本語の意味を参考にして，空所に最も適する語を記入せよ。

1. ┃ AとBとは別のものである ┃

It is (　　　　) thing to acquire knowledge, but it is quite (　　　) to apply it.　　　　　　　　　　　　　　　　　　　　（青山学院大）

2. ┃ …するよりほかに仕方がない ┃

Due to an approaching typhoon, we had no choice (　　　) (　　　) postpone our day at the beach.　　　　　　　　　（南山大）

② 日本文に合うように（　）内の語句を正しく並べかえよ。

1. 私は彼にその悪い知らせをどうしても伝えることができなかった。

I (could / him / bad news / myself / not / to / the / tell / bring).
　　　　　　　　　　　　　　　　　　　　　　　　　　　（獨協医大）

2. 最近の若者は家族と話す時間が減っている。

Young (are / talking / their / days / spending / these / time / with / less / people) families.　　　　　　　　　　　　（高知大）

. . . .

Part 4 文法・構文で覚える 170

Unit 35
構文②，会話表現①

熟語番号
759 ～ 780

英熟語ターゲット 1000［5訂版］
p.258 ～ 265
解答　別冊 p.37

Step 1　見出し熟語の意味を確認しよう！　　◯目標時間2分

① 次の熟語の意味をア～エから選べ。

1. by the time ...　ア. …するとき　イ. …までに(は)　ウ. …した後　　エ. …したとたん

2. now that ...　ア. …にかかわらず　イ. …である以上　ウ. 今は…だが　　エ. …のころには

3. given (that) ...　ア. …だとしても　イ. …するときに　ウ. …を考慮すれば　エ. …する間に

4. even as ...　　　ア. まるで…のように　　　　　　イ. …と同じくらい
　　　　　　　　　ウ. まさに…するときに　　　　　エ. …でさえあれば

5. inasmuch[in as much] as ...　ア. …だから　　　　　　　イ. …だとすると
　　　　　　　　　　　　　　　　ウ. …だとしても　　　　　エ. …である限り

② 次の日本語の意味を表す熟語になるように，空所に最も適切な語を入れよ。

1. …するために　　　　　　（　　　）(o　　　) to *do*

2. ～が…できるように　　　（　　　) that ～ (　　　) *do*

3. ～だ，その結果…だ　　　～, (　　　) (　　　) ...

4. …という条件で　　　　　（　　　) (the) (　　　) (that) ...

5. (電話) (を) 切る　　　　（h　　　) (　　　) (～)

Step 2　見出し熟語をさらに掘り下げよう！　　◯目標時間1分

次の語 (句)とほぼ同じ意味を表すように，空所に最も適切な語を入れよ。

1. if　　　　　　　in (　　　) ...

2. nearly　　　　　just (　　　)

3. because　　　　（　　　) that ...

4. insofar as ...　as[so] (l　　　) (　　　) ...

5. for fear (that) ...　（　　　) ～ (should) *do*

Step 3　例文で見出し熟語の用法を押さえよう！　　◯目標時間4分

① (　　　)内から最も適する語を1つ選べ。

1. His sister is a professional translator, and an excellent one at
(① so / ② such / ③ that / ④ then).

2. What (① and / ② on / ③ so / ④ with) overwork and exhaustion,
nearly half the members fell ill.

3. I'm sure few, if (① any / ② ever / ③ not / ④ so), team members doubted the truthfulness of the captain's explanation.

② 次の各文の (　　) に最も適する語をア～エから選び，全文を和訳せよ。

1. I'm going to take another picture, so just (　　) on a while longer.
2. The manager told us to (　　) ahead and make a reservation at the restaurant.
3. When you visit London, be sure to (　　) out the Tower of London and Big Ben.
4. Since this is very complicated, I myself will (　　) to it that there is no mistake.

ア. check　　　　イ. go　　　　ウ. hold　　　　エ. see

Challenge 入試問題に挑戦しよう！　　　　⏱ 目標時間 3 分

① 示された日本語の意味を参考にして，空所に最も適する語を記入せよ。

1. ［ …である限り ］
   It matters little who finds the solution, (　　) (　　) as the solution is found.　　　　　　　　　　　　　　　　　　　　(駒澤大)
2. ［ …するといけないから ］
   Please take my umbrella, just (　　) (　　) it rains later.　　　　　　　　　　　　　　　　　　　　　　　　　　　(南山大)

② 日本文に合うように (　　) 内の語句を正しく並べかえよ。

1. もうあなたは大人なのだから，ひとりでそれをやらねばならない。
   (an adult / are / now / that / you), you have to do it by yourself.　　　　　　　　　　　　　　　　　　　　　　　(武蔵大)
2. 彼女たちが踊っているところが見えるように，私は息子を持ち上げた。
   I lifted up my son (them / he / could / that / so / see) dancing.　　　　　　　　　　　　　　　　　　　　　　　　(中央大)
3. 子供は 5 歳ごろに達するまでに，母国語の話し方を学ぶ。
   By the (the / time / children / reach / age) of about five, they learn how to speak their native language.　　　　　　(昭和女大)

75

Unit 36
会話表現①

熟語番号
781 〜 802

英熟語ターゲット 1000［5訂版］
p.266 〜 271

解答　別冊 p.38

Step 1　見出し熟語の意味を確認しよう！
🕐 目標時間 2 分

① 次の熟語の意味をア〜エから選べ。

1. go to the polls　ア. 核心に触れる　イ. 投票に行く　ウ. 駄目になる　エ. 最善を尽くす

2. hold *one's* breath　ア. 息を吐き出す　イ. 息を止める　ウ. 息を切らす　エ. 深呼吸する

3. call back 〜　　ア. 〜を振り返る　　　　　　　　イ. 〜に折り返し電話する
　　　　　　　　　　ウ. 〜を中止する　　　　　　　　エ. 〜を後回しにする

4. drive at 〜　　　ア. 〜を操縦する　　　　　　　　イ. 〜を狙って投げる
　　　　　　　　　　ウ. 〜にドライブに行く　　　　　エ. 〜のつもりである

5. stick around[about]　ア. そこらで待つ　　　　　　　イ. 案内する
　　　　　　　　　　　　ウ. あちこち旅する　　　　　　エ. 集合する

② 次の日本語の意味を表す熟語になるように，空所に最も適切な語を入れよ。

1. 〜を試してみる　　　　　　　（　　　）〜 a (t　　　)
2. そうは言ったものの　　　　　（　　　）（　　　）that
3. あっという間に　　　　　　　（　　　）*one* (　　　) it
4. (幸運［成功］を) 祈る　　　keep *one's* (　　　)（　　　）
5. 〜にとって当然の報いである　(s　　　) 〜 (　　　)

Step 2　見出し熟語をさらに掘り下げよう！
🕐 目標時間 1 分

次の語 (句) とほぼ同じ意味を表すように，空所に最も適切な語を入れよ。ただし，⊗には反対の意味を表すように適切な語を入れよ。

1. sharp　　　　　　　　　　　（　　　）the (d　　)
2. from the (very) beginning　from (　　　)
3. look the other way on 〜　　turn a (　　　)（　　　）to 〜
4. leave[resign] office　　　　⊗ (　　　) office
5. save (*one's*) face　　　　　⊗ (　　　) (*one's*) face

Step 3　例文で見出し熟語の用法を押さえよう！
🕐 目標時間 4 分

① (　　) 内から最も適する語を 1 つ選べ。

1. It's a little past five, so let's call it a (① day / ② minute / ③ second / ④ time).

2. We have just been to the airport to (① meet / ② put / ③ see / ④ take) my daughter off to Chicago.

3. In 2016, the U.S. President (① called / ② got / ③ paid / ④ received) a visit to Hiroshima for the first time in history.

② 次の各文の（　　）に最も適する語をア～エから選び，全文を和訳せよ。

1. Could I ask you a (　　)? Please post this letter for me.

2. I want to move this to the corner. Will you give me a (　　), please?

3. There is no doubt that anyone who has a good (　　) of English has a bright future.

4. Ken was beginning to feel tired after having been behind the (　　) for almost two hours.

ア. command　　　イ. favor　　　　ウ. hand　　　　エ. wheel

Challenge　入試問題に挑戦しよう！　　　　　　目標時間３分

① 示された日本語の意味を参考にして，空所に最も適する語を記入せよ。

1. | 息を止める |

Before blowing out a candle, take a breath in and (　　) your breath.　　　　　　　　　　　　　　　　　　　　　　　（芝浦工大）

2. | ～を訪問する |

Will you (　　) me a (　　) when you travel to Italy this summer?　　　　　　　　　　　　　　　　　　　　　　　（早大）

② 日本文に合うように（　　）内の語句を正しく並べかえよ。

1. 彼女にできるだけ早く折り返し電話をさせていただけますか。

Could you have her (me / soon / back / as / as / call) possible?　　　　　　　　　　　　　　　　　　　　　　　（福島大）

2. 彼は，彼女を見送るために駅までずっと走った。

He ran (the / all / way / her / to the / to see / station) off.　　　　　　　　　　　　　　　　　　　　　　　（神戸学院大）

3. その箱を運ぶのを手伝わせてください。

(let / a hand / give / me / you / to) with the box. [1 語不要]　　　　　　　　　　　　　　　　　　　　　　　（畿央大）

Part 4 文法・構文で覚える 170
Unit 37
会話表現①, ②

熟語番号
803 ～ 824

英熟語ターゲット 1000［5訂版］
p.270 ～ 277
解答　別冊 p.39

Step 1　見出し熟語の意味を確認しよう！
🕐 目標時間 2 分

① 次の熟語の意味をア～エから選べ。

1. take it easy　ア. のんびり構える　イ. さっさと終える
　　　　　　　　　ウ. 気が緩む　　　　エ. 当然のことだと思う

2. could use ～　ア. ～の役に立つ　　イ. ～があればありがたい
　　　　　　　　　ウ. ～は使いやすい　エ. ～を借りる

3. treat *A* to *B*　ア. A を B とみなす　イ. A を B と交換する
　　　　　　　　　ウ. A に B をおごる　エ. A を B に取り付ける

4. What ... for?　ア. …はどんなものか。　イ. …はどうか。
　　　　　　　　　ウ. …はどういう意味か。　エ. どうして…か。

5. help *oneself* to ～　ア. ～を自由に取る　イ. ～に夢中になる
　　　　　　　　　　　　ウ. ～に慣れる　　　エ. ～に身をゆだねる

② 次の日本語の意味を表す熟語になるように，空所に最も適切な語を入れよ。

1. 考えてみると　　　　　　（　　　）to（　　　）of it
2. 最後になったが　　　　　last but（　　　）（　　　）
3. ～を見る　　　　　　　　（　　　）a look（　　　）～
4. ～によく会う　　　　　　（　　　）（　　　）of ～
5. ～をからかう［かつぐ］　（　　　）～'s（l　　　）

Step 2　見出し熟語をさらに掘り下げよう！
🕐 目標時間 1 分

次の語（句）とほぼ同じ意味を表すように，空所に最も適切な語を入れよ。

1. respect　　　　　　　　　think（　　　）of ～
2. Why (...)?　　　　　　　　（　　　）（　　　）(...)?
3. *be* tired of ～　　　　　　*be*（　　　）up（　　　）～
4. have second thought(s)　（　　　）(a　　　)
5. You're welcome.　　　　　My（　　　）.

Step 3　例文で見出し熟語の用法を押さえよう！
🕐 目標時間 4 分

① （　　　）内から最も適する語（句）を 1 つ選べ。

1. I want you to just imagine what it would feel (① across / ② for / ③ like / ④ with) to live in extreme poverty as he did.
2. "Do you think you'll be finished with this by the early evening?" "No, I'm (① afraid so / ② so afraid / ③ not afraid / ④ afraid not)."
3. My brother said he had a hard time making (① him / ② his / ③ himself / ④ of his own) understood in English the other day.

② 次の各文の（　）に最も適する語をア～エから選び，全文を和訳せよ。

1. I have no (　　) what to buy Mary for her birthday.
2. The woman I am to meet today does not know me by (　　).
3. Take your (　　) walking down these steps: they're very slippery after the rain.
4. The bottom (　　) is that all of us have to be there without fail by ten tomorrow morning.

ア. idea　　　　イ. line　　　　ウ. sight　　　　エ. time

Challenge　入試問題に挑戦しよう！　　　⏱目標時間３分

① 示された日本語の意味を参考にして，空所に最も適する語を記入せよ。

1. どういたしまして。
   "Thank you for your kind advice." "(　　) (p　　)." （北星学園大）
2. AにBをおごる
   I am going to (　　) my parents to dinner when I get paid next month. （摂南大）

② 日本文に合うように（　）内の語句を正しく並べかえよ。

1. これから旅行する国はどんなところかしら。
   I wonder (I'm / is / the country / traveling to / what) like. （武蔵大）
2. 冷蔵庫の中のものは何でも自由に食べてください。
   Please (in / refrigerator / the / help / yourself / anything / to). （東京経大）
3. 彼女はなぜあんなに落ち込んでいたんだろう。
   (come / why / how / she / so / unhappy / was)? ［1 語不要］（高知大）

Unit 38
会話表現②，動詞句①，②

Step 1　見出し熟語の意味を確認しよう！
目標時間 2 分

① 次の熟語の意味をア～エから選べ。

1. watch *one's* step　ア. 準備をする　イ. 着地する　ウ. 歩みを止める　エ. 言動に注意する

2. *be* committed to ～　ア. ～に人気のある　イ. ～に献身する　ウ. ～に責任のある　エ. ～に一致する

3. *be* out to *do*　　ア. …するのを好む　　　　　　　イ. 責任を持って…する
　　　　　　　　　　　ウ. …するのを嫌がる　　　　　　エ. …しようと狙っている

4. *be* liable to *do*　ア. …しがちである　　　　　　　イ. 確実に…する
　　　　　　　　　　　ウ. しきりに…したがる　　　　　エ. いやいや…する

5. Here we are.　　ア. さあ始めよう。　　　　　　　イ. さあ着いた。
　　　　　　　　　　ウ. さあ行こう。　　　　　　　　エ. さあこちらです。

② 次の日本語の意味を表す熟語になるように，空所に最も適切な語を入れよ。

1. 定着している　　　　　　　　　　*be* here （　　　）（　　　　）
2. とても～にはかなわない　　　　　*be* no （　　　）（　　　　）～
3. ～に向いている［適している］　　*be* （　　　）（　　　）to be ～
4. ～で我を忘れる　　　　　　　　　*be* （　　　）*oneself* （　　　　）～
5. 冗談でしょう。　　　　　　　　　You're (k　　　)（　　　　).

Step 2　見出し熟語をさらに掘り下げよう！
目標時間 1 分

次の語句とほぼ同じ意味を表すように，空所に最も適切な語を入れよ。

1. make up ～　　　　　　　　　　(a　　　) for ～
2. take to ～　　　　　　　　　　　hit (　　　)（　　　）with ～
3. *be* inconsistent with ～　　　*be* at (　　　) with ～
4. *be* all attention　　　　　　　*be* all (e　　　)
5. *be* in fashion　　　　　　　　 *be* (　　　) the (r　　　)

Step 3　例文で見出し熟語の用法を押さえよう！
目標時間 4 分

① (　　　)内から最も適する語を 1 つ選べ。

1. Please don't forget to (① do / ② expect / ③ give / ④ wish) my best regards to your father.

2. Our brain is especially susceptible (① at / ② in / ③ of / ④ to) temptation when we're feeling bad or sad.

3. Legend (① gets / ② has / ③ says / ④ talks) it that there used to live *kappa*, imaginary creatures, in the river around here.

② 次の各文の（　）に最も適する語をア～エから選び，全文を和訳せよ。

1. Any customer who comes in the store today is (　　　) for the discount.

2. She's very (　　) to criticism, so don't say anything that might upset her further.

3. Although it lasts almost three hours, we all agree this movie is (　　) seeing many times.

4. The politician who was arrested for vote buying seemed to have been (　　) on reelection.

ア. eligible　　　イ. intent　　　ウ. vulnerable　　　エ. worth

Challenge　入試問題に挑戦しよう！　　　　⏱ 目標時間 3 分

① 示された日本語の意味を参考にして，空所に最も適する語を記入せよ。

1. 足元に注意する

   (W　) your (s　　); the road is slippery.　　　　（北星学園大）

2. ～に献身する

   Americans, more than the citizens of any other nation, are (c　　) (　　) change.　　　　（上智大）

② 日本文に合うように（　）内の語句を正しく並べかえよ。

1. 視覚はだまされやすい。

   The sense (is / of / manipulation / sight / susceptible / to).　　　　（追手門学院大）

2. これらの本を全部読む価値が本当にあるのだろうか。

   I wonder (are really / whether / books / all of / worth / these) reading.　　　　（中央大）

3. 日本での売り上げは，会社の利益の約 3 分の 1 を占めている。

   Sales in Japan (about / account / company / for / of / one-third / profits).　　　　（立命館大）

Unit 39
動詞句②, ③

Step 1 見出し熟語の意味を確認しよう！
〇目標時間2分

① 次の熟語の意味をア〜エから選べ。

1. settle for ～　ア. 〜を解決する　イ. 〜をまとめる　ウ. 〜で我慢する　エ. 〜に落ち着く
2. cope with ～　ア. 〜に協力する　イ. 〜と争う　　ウ. 〜と話し合う　エ. 〜に対処する
3. indulge in ～　ア. 〜にふける　イ. 〜に隠れる　ウ. 〜にくっつく　エ. 〜に従事する
4. consent to ～　ア. 〜に同意する　イ. 〜を動かす　ウ. 〜に満足する　エ. 〜に反対する
5. dwell on[upon] ～　　ア. 〜に定住する　　　　　　　イ. 〜を詳しく述べる
　　　　　　　　　　　　ウ. 〜を切り替える　　　　　　エ. 〜を開発する

② 次の日本語の意味を表す熟語になるように，空所に最も適切な語を入れよ。

1. 〜の世話をする　　　　　　(a　　　) to ～
2. 〜なしですます　　　　　　(　　　) with ～
3. 〜を差別する　　　　　　　(　　　) (　　　) ～
4. 〜の価値［重要性］を持つ　(　　　) (　　　) ～
5. 〜を恋しがる　　　　　　　(y　　　) for ～

Step 2 見出し熟語をさらに掘り下げよう！
〇目標時間1分

次の語（句）とほぼ同じ意味を表すように，空所に最も適切な語を入れよ。

1. follow　　　　　　　(　　　) with ～
2. wish for ～　　　　　(　　　) to ～
3. give in to ～　　　　(s　　　) to ～
4. undertake　　　　　(e　　　) (　　　) ～
5. stick to ～　　　　　(a　　　) (　　　) ～

Step 3 例文で見出し熟語の用法を押さえよう！
〇目標時間4分

① (　　　)内から最も適する語を1つ選べ。

1. Moving around the world allows (① by / ② for / ③ in / ④ to) a new way of seeing things.
2. We should refrain (① from / ② of / ③ to / ④ with) talking loudly here in the middle of the night.

3. We won't be able to reach a consensus if he (① consists / ② insists / ③ persists / ④ resists) in his demand.

② 次の各文の（　　）に最も適する語をア～エから選び，全文を和訳せよ。
1. Today many ordinary people (　　　) in stocks via the internet.
2. We arranged our trip to (　　　) with the start of baseball season.
3. The succession of late nights was beginning to (　　　) on his health.
4. We'd thought the preparations were perfect, but things didn't (　　　) out the way we'd expected.

ア. coincide　　　イ. deal　　　ウ. tell　　　エ. work

Challenge　入試問題に挑戦しよう！　　　　　　目標時間３分

① 示された日本語の意味を参考にして，空所に最も適する語を記入せよ。
1. ［〜に同意する］
It is most kind of you to (c　　) (　　　) seeing me at such short notice.　　　　　　　　　　　　　　　　　（神奈川大）
2. ［〜で我慢する］
They want one hundred dollars for the watch, but they might (s　　) (　　　) fifty.　　　　　　　　　　　（上智大）

② 日本文に合うように（　　）内の語句を正しく並べかえよ。
1. 私は取り留めのない考えに身を任せるのをやめようと思う。
I will (letting / from / mind / my / wander / refrain).　（共立女大）
2. 作家としてまず君に必要なのは，誰が読者なのかを知ることだ。
As a writer the first thing you need is (books / out / reads / to / who / work / your).　　　　　　　　　　　（東京理科大）
3. 豊富な経験により，複雑な問題が起こるたびに彼女はうまく処理することができます。
Her (cope / issues / difficult / with / enable / her / rich experiences / to / whenever) they arise.　　（武庫川女大）

Part 5 ここで差がつく難熟語 170

Unit 40
動詞句③, ④

熟語番号
869 ～ 890

英熟語ターゲット 1000【5訂版】
p.292 ～ 299

解答 別冊 p.42

Step 1 見出し熟語の意味を確認しよう!

◑ 目標時間2分

① 次の熟語の意味をア～エから選べ。

1. pass out 　ア. 合格する　　イ. 落第する　　ウ. 認証する　　エ. 気絶する

2. hang around 　ア. ぶらつく　　イ. 尻込みする　ウ. 頑張る　　　エ. 重荷になる

3. pull up ～ 　ア. ～を育てる　イ. ～をごまかす　ウ. ～を引き抜く　エ. ～を掲示する

4. shy away from ～ 　ア. ～から脱却する　イ. ～を敬遠する　ウ. ～に背を向ける　エ. ～から逃げ出す

5. make (both) ends meet 　ア. 終わらせる　　　　　　　　　イ. 離別する

　　　　　　　　　　　　　　ウ. 収入内でやりくりする　　　エ. 首尾一貫している

② 次の日本語の意味を表す熟語になるように, 空所に最も適切な語を入れよ。

1. ～をさっと上げる　　　　　　　　throw (　　　) ～

2. (仕事・問題など) に本気で取り掛かる　get (　　　) (　　　) ～

3. (好機など) を逃す　　　　　　　　miss (　　　) (　　　) ～

4. (～を) やり遂げる　　　　　　　　(f　　　) (　　　) (on[with] ～)

5. ～を失望させる　　　　　　　　　(l　　　) (　　　) ～

Step 2 見出し熟語をさらに掘り下げよう!

◑ 目標時間1分

次の語 (句) とほぼ同じ意味を表すように, 空所に最も適切な語を入れよ。

1. select 　　　　　　　　　(s　　　) (　　　) ～

2. gather 　　　　　　　　　(r　　　) (　　　) ～

3. go unpunished for ～ 　　get (　　　) (　　　) ～

4. succeed 　　　　　　　　(　　　) (g　　　)

5. pretend 　　　　　　　　(　　　) (　　　) (that ...)

Step 3 例文で見出し熟語の用法を押さえよう!

◑ 目標時間4分

① (　　) 内から最も適する語 (句) を1つ選べ。

1. This detective story caught (① down / ② in / ③ on / ④ up) probably because its ending is really surprising.

2. He says he often finds himself (① think / ② thinking / ③ thought / ④ to think) of the woman he parted from a long time ago.

3. The police ruled (① for / ② into / ③ out / ④ out of) the possibility that the robber might have entered through the window.

② 次の各文の（　）に最も適する語をア～エから選び，全文を和訳せよ。
1. I think it's almost time to (　　) up this meeting.
2. Patients tend to (　　) it for granted that a doctor knows everything, but does he?
3. It must have taken a lot of organization and hard work to (　　) off such a big party.
4. Every chef dreams of great produce, but most (　　) do with what is available on the market.

ア. make　　　　イ. pull　　　　ウ. take　　　　エ. wind

Challenge　入試問題に挑戦しよう！　　🕑目標時間３分

① 示された日本語の意味を参考にして，空所に最も適する語を記入せよ。
1. ┌（罰を受けずに）～をうまくやる┐
   We won't let him (　　) (　　) with his lies this time.
   (東洋英和女学院大)
2. ┌収入内でやりくりする┐
   It is never easy to make (　　) (　　).　　(東京理科大)

② 日本文に合うように（　）内の語句を正しく並べかえよ。
1. 私は試合に負けて，サポーターたちをがっかりさせたくありません。
   I do not (by / the / let / supporters / want / my / down / losing / to) game.　　(神戸学院大)
2. 彼が私に賛成するのは当然のことと決め込んでいた。
   (took / agree / I / it / he / granted / for / with / would / me / that).　　(高知大)
3. ある朝，グレゴール・ザムザがなにか胸騒ぎのする夢から覚めると，ベッドの中の自分が一匹の巨大な虫に変わってしまっているのに気がついた。
   As Gregor Samsa awoke one morning from uneasy dreams, he (found / himself / his / in / transformed) bed into a gigantic insect.　　(武蔵大)

Part 5 ここで差がつく難熟語 170

Unit 41
動詞句④

熟語番号
891 〜 912

英熟語ターゲット 1000 [5訂版]
p.300 〜 307

解答 別冊 p.43

Step 1 見出し熟語の意味を確認しよう！

🕐 目標時間 2 分

① 次の熟語の意味をア〜エから選べ。

1. hold true　　ア. 捕まえる　　イ. 当てはまる　　ウ. 実現する　　エ. 正解する
2. take hold of 〜　ア. 〜を狙い撃つ　イ. 〜をつかむ　　ウ. 〜を追いかける　エ. 〜を固定する
3. see the sights　ア. 成功する　　イ. 観光をする　　ウ. 用を済ます　　エ. 気取る
4. keep 〜 company　ア. 〜を運営する　イ. 〜を存続させる　ウ. 〜と一緒にいる　エ. 〜を保護する
5. come to terms with 〜　ア. 〜に取り入る　　　　　　　イ. 〜と仲良くなる
　　　　　　　　　　　　　ウ. 〜と折り合いがつく　　　　エ. 〜に参加する

② 次の日本語の意味を表す熟語になるように，空所に最も適切な語を入れよ。

1. （法律的に）成人になる　　come （　　　）（　　　）
2. 〜を考慮に入れる　　take 〜 （　　　）(a　　　)
3. 〜の目を正視する　　look 〜 （　　　）（　　　） eye(s)
4. 〜を利用する　　（　　　）〜（　　　） use
5. …するのに大いに役立つ　　go a （　　　）（　　　） to *do*

Step 2 見出し熟語をさらに掘り下げよう！

🕐 目標時間 1 分

次の語（句）とほぼ同じ意味を表すように，空所に最も適切な語を入れよ。

1. release　　let （　　　）（　　　） 〜
2. try hard　　take （　　　）
3. come out　　come （　　　）(l　　　)
4. *be* useful　　（　　　） in (h　　　)
5. keep pace with 〜　　keep (a　　　)（　　　） 〜

Step 3 例文で見出し熟語の用法を押さえよう！

🕐 目標時間 4 分

① （　　　）内から最も適する語（句）を1つ選べ。

1. We did our best to succeed, but the project (① fell / ② got / ③ ran / ④ stopped) short of our goal.
2. The revised law concerning privacy (① brought / ② gave / ③ made / ④ took) effect on January 1 this year.

3. It's not so easy for new companies to live (① down on / ② out of / ③ up to / ④ well into) customers' expectations.

② 次の各文の（　　）に最も適する語をア〜エから選び，全文を和訳せよ。
  1. The employer took no (　　) of his manager's advice and made a mistake.
  2. His mother told him to keep (　　) of all the money he spent while he was traveling.
  3. By signing an unfair contract, the boss paved the (　　) for the bankruptcy of his company.
  4. It stands to (　　) that children should be independent of their parents after a certain age.

  ア. notice　　　イ. reason　　　ウ. track　　　エ. way

Challenge 入試問題に挑戦しよう！　　　🕐 目標時間 3 分

① 示された日本語の意味を参考にして，空所に最も適する語を記入せよ。
  1. ┃（期待など）に添う┃
     I tried my best to (　　)(　　) to their expectations. （北星学園大）
  2. ┃当てはまる┃
     This rule does not (　　)(　　) in all cases. 　　（高知大）

② 日本文に合うように（　　）内の語句を正しく並べかえよ。
  1. 高齢者のことを考えて建物は設計しなければならない。
     Architects must take the needs (account / elderly / into / of / people). 　　（追手門学院大）
  2. もうだいたいのことを把握していますので，いくつか例を挙げさせてください。
     Now that you have (the / got / general / hold / of) idea, let me give you some examples. 　　（清泉女大）
  3. 人々はそれぞれ自分なりのやり方でストレスと折り合いをつけなければならない。
     Each person needs to (with / come to / stress / terms / in) his or her own way. 　　（北里大）

Unit 42
動詞句④，形容詞句・副詞句

Step 1　見出し熟語の意味を確認しよう！
🕐 目標時間 2 分

① 次の熟語の意味をア〜エから選べ。

1. a variety of 〜　ア. いろいろな〜　イ. 少数の〜　　ウ. 〜の大群　　エ. 〜の一員

2. scores of 〜　ア. 〜の行列　　イ. 〜の集団　　ウ. 多数の〜　　エ. わずかな〜

3. have 〜 on *one's* mind　ア. 〜を覚えている　　　　　　　　イ. 〜を懐かしむ
　　　　　　　　　　　　　　ウ. 〜を嫌がる　　　　　　　　　　エ. 〜を気にしている

4. impose *A* on[upon] *B*　ア. A を B に加える　　　　　　　イ. A を B に課す
　　　　　　　　　　　　　　ウ. A を B にさらす　　　　　　　エ. A を B に授ける

5. bring *A* home to *B*　ア. A を B に分類する　　　　　　　イ. A を B に組み込む
　　　　　　　　　　　　　ウ. A を B に順応させる　　　　　　エ. A を B に痛感させる

② 次の日本語の意味を表す熟語になるように，空所に最も適切な語を入れよ。

1. 思い切って［あえて］…する　　　　　　　(d　　　) to *do*

2. 一握りの〜　　　　　　　　　　　　　　　a (　　　　) of 〜

3. まだ…していない　　　　　　　　　　　　have (　　　　) to *do*

4. （人）に仕返しをする［恨みを晴らす］　　get (e　　　) (　　　　) 〜

5. 〜に対する眼識［鑑識力］がある　　　　　have an (　　　　) (　　　) 〜

Step 2　見出し熟語をさらに掘り下げよう！
🕐 目標時間 1 分

次の語（句）とほぼ同じ意味を表すように，空所に最も適切な語を入れよ。

1. imitate　　　　　　　　　　follow (s　　)

2. irritate　　　　　　　　　　get (　　　) 〜's (　　　)

3. defeat　　　　　　　　　　 get[have] the (　　　) (　　　) 〜

4. by *oneself*　　　　　　　　(all) on *one's* (　　　)

5. a large number of 〜　　　　a (h　　) of 〜

Step 3　例文で見出し熟語の用法を押さえよう！
🕐 目標時間 4 分

① (　　) 内から最も適する語（句）を 1 つ選べ。

1. He ascribed his failure in the examination (① at / ② from / ③ on / ④ to) bad luck.

2. I'm glad to hear (① many / ② most / ③ a few / ④ many a) student wants to study abroad nowadays.

3. I've read quite (① much / ② plenty / ③ a few / ④ a little) self-help books in my life, and learned a lot from them.

② 次の各文の（　）に最も適する語をア～エから選び，全文を和訳せよ。

1. When we were in junior high, we often played (　　) on our history teacher.

2. The traditional way to learn to keep our emotions in (　　) is to sit and meditate.

3. Her letter doesn't communicate much, but reading between the (　　), I can tell she is sad.

4. Wildlife rangers find all (　　) of items including toothbrushes in dead animals' stomachs.

ア. check　　　　イ. jokes　　　　ウ. lines　　　　エ. manner

Challenge 入試問題に挑戦しよう！　　　　　⏷ 目標時間3分

① 示された日本語の意味を参考にして，空所に最も適する語を記入せよ。

1. ｜ ～の神経にさわる ｜

Please turn down the music. It's (　　) on my (　　). （法政大）

2. ｜ A を B に痛感させる ｜

The result of the medical checkup brought (　　) (　　) me the neglect of my health. （獨協医大）

② 日本文に合うように（　）内の語句を正しく並べかえよ。

1. トムは，第1章を書いてから20年たって，まだ彼の本を書き終えていない。

Twenty years after writing the first chapter, Tom (finish / has / to / yet) his book. （東海大）

2. かなり多くの人が，毎日散歩をするのが健康を保つのに良い方法だと思っています。

(a few / people / quite / taking / is / think / day / a walk / every) a good way to keep fit. （白百合女大）

Part 5 ここで差がつく難熟語170
Unit 43
形容詞句・副詞句

熟語番号
935 〜 956

英熟語ターゲット 1000［5訂版］
p.312 〜 317
解答 別冊 p.45

Step 1　見出し熟語の意味を確認しよう！　⊙ 目標時間 2 分

① 次の熟語の意味をア〜エから選べ。

1. in the works　ア. 求職中で　　イ. 進行中で　　ウ. 検討中で　　エ. 保留中で

2. 〜 of one's own　ア. 借り物の〜　イ. 自分自身の〜　ウ. 売り物の〜　エ. 他人の〜

3. on the 〜 side　ア. 〜気味で　　イ. 〜の寸前で　　ウ. 〜の外れで　　エ. 〜に基づいて

4. in store　　　　　ア. 修理中で　　　　　　　　　　イ. 最大の容量で
　　　　　　　　　　ウ. 一般的には　　　　　　　　　エ. 降りかかろうとして

5. for a rainy day　ア. しばらくの間　　　　　　　　イ. 緊急時に備えて
　　　　　　　　　　ウ. 趣向を変えて　　　　　　　　エ. おもしろ半分に

② 次の日本語の意味を表す熟語になるように，空所に最も適切な語を入れよ。

1. 本格的に　　　　　　　　（　　　）(e　　　)

2. 1つおきの〜　　　　　　（　　　）(o　　　) 〜

3. すっかり健康［正常］で　（　　　）as（　　　）

4. 全員に行き渡るだけの〜　(enough) 〜 to（　　　）（　　　）

5. まさしく〜（の）　　　　（　　　）short（　　　）〜

Step 2　見出し熟語をさらに掘り下げよう！　⊙ 目標時間 1 分

次の語（句）とほぼ同じ意味を表すように，空所に最も適切な語を入れよ。

1. impossible　　　　（　　　）of the（　　　）

2. in conflict　　　　at (i　　　)

3. more than 〜　　　（　　　）of 〜

4. the best　　　　　（　　　）to none

5. at once　　　　　（　　　）（　　　）hand

Step 3　例文で見出し熟語の用法を押さえよう！　⊙ 目標時間 4 分

① （　　　）内から最も適する語を1つ選べ。

1. If you want to keep yourself (① at / ② in / ③ on / ④ to) good shape, you need to exercise every day.

2. He seems to be in trouble again, but all those problems are (① for / ② in / ③ of / ④ with) his own making.

3. She is (① someone / ② something / ③ nobody / ④ nothing) of a singer, but her songs are now behind the times.

② 次の各文の（　　）に最も適する語をア～エから選び，全文を和訳せよ。

1. With so much at (　　　), we cannot afford to make mistakes.
2. Yuta has on average 5,000 yen at his (　　　) as pocket money each month.
3. In the last forty years, the per (　　　) income of Americans has more than doubled.
4. Don't you think we need a law or something to control smartphone use by people on the (　　　)?

ア. capita　　　　イ. disposal　　　　ウ. move　　　　エ. stake

Challenge　入試問題に挑戦しよう！　　　⏱ 目標時間3分

① 示された日本語の意味を参考にして，空所に最も適する語を記入せよ。

1. ┌調子がよくて┐
   You always look energetic. Tell me what you do to stay (　　　) (s　　　). （摂南大）

2. ┌～のために用意して┐
   We have a few surprises (　　　) store (　　　) her at the party tonight. （東京理科大）

3. ┌まさかの時に備えて┐
   My father used to tell me that it would be wise to save money (　　　) a (　　　) day. （早大）

② 日本文に合うように（　　）内の語句を正しく並べかえよ。

1. 彼は1週おきに仕事でロンドンへ行く。
   He (London / to / on / travels / other / every / business) week. （北星学園大）

2. このレストランのアップルパイはどこにも劣らない。
   The apple pie (second / at / to / this / is / none / restaurant). （青山学院大）

Unit 44
前置詞句・接続詞句・名詞句，純然たる副詞句

Step 1　見出し熟語の意味を確認しよう！
🕐 目標時間 2 分

① 次の熟語の意味をア〜エから選べ。

1. as of 〜　　ア. 〜現在で　　イ. 〜として　　ウ. 〜のような　エ. 〜にかかわらず
2. at will　　ア. 意に反して　イ. 懸命に　　　ウ. 思いのままに エ. できるだけ
3. all too　　ア. 全部で　　　イ. やはり　　　ウ. とても　　　エ. はるばる
4. in the wake of 〜　　ア. 〜の通過後に　　　　　　イ. 〜するとすぐに
　　　　　　　　　　　　ウ. 〜の最初に　　　　　　　エ. 〜の要因として
5. to the effect that ...　ア. …を除いて　　　　　　　イ. …を条件として
　　　　　　　　　　　　ウ. …の結果として　　　　　エ. …という趣旨で

② 次の日本語の意味を表す熟語になるように，空所に最も適切な語を入れよ。

1. そういうものとして　　　　　　(　　　) (　　　　)
2. 〜の都合のよいときに　　　　　(　　　) 〜's (　　　　)
3. 賛否両論　　　　　　　　　　　the (　　　) and (　　　　)
4. 誰も触れたがらない話題　　　　the (　　　) in the (　　　)
5. 〜から歩いて行けるところに　　(　　　) walking (　　　) of 〜

Step 2　見出し熟語をさらに掘り下げよう！
🕐 目標時間 1 分

次の語（句）とほぼ同じ意味を表すように，空所に最も適切な語を入れよ。

1. without　　　　　　　(　　　) (　　　　) 〜
2. directly　　　　　　　(at) (　　　) (　　　　)
3. from the beginning　　all (　　　)
4. a useless item　　　　a (　　　) elephant
5. without regard to 〜　(r　　) (　　　　) 〜

Step 3　例文で見出し熟語の用法を押さえよう！
🕐 目標時間 4 分

① (　　) 内から最も適する語を 1 つ選べ。

1. Jimmy has been on friendly (① friends / ② hands / ③ manners / ④ terms) with me for many years.
2. As an incentive, the winners were paid (① at / ② in / ③ on / ④ with) proportion to their number of victories.

3. Its latest performance is a (① case / ② matter / ③ problem / ④ view) in point: the city promises a quick response but takes months.

② 次の各文の (　　) に最も適する語をア〜エから選び，全文を和訳せよ。

1. "It's hard!" exclaimed one student, on the (　　) of tears.
2. In (　　) with her instructions, I went to see him myself.
3. I think the fact I have to work irregular hours is part and (　　) of being a journalist.
4. It is generally thought to be rude for a lot of friends to visit a person at short (　　).

ア. accordance　　イ. notice　　ウ. parcel　　エ. verge

Challenge　入試問題に挑戦しよう！　🕐 目標時間３分

① 示された日本語の意味を参考にして，空所に最も適する語を記入せよ。

1. | 〜に関係なく |

Mail carriers are expected to deliver the mail every day (　　) (　　) the weather.　　　(南山大)

2. | 〜の時点で |

(　　) (　　) the end of 2014, the company's profit had exceeded 10 billion yen.　　　(法政大)

② 日本文に合うように (　　) 内の語句を正しく並べかえよ。

1. 彼は最近父親とうまくいっている。
He (on / with / has / terms / been / good) his father lately.　　　(北星学園大)

2. ボランティアは都合に合わせて１か月に２日間必要とされる。
Volunteers are (at / two days / their / for / a / month / needed) convenience.　　　(芝浦工大)

3. この区域の犯罪の増加は，失業者の増加と正比例している。
The rise in crime in this area (proportion / to the rise / direct / is / in / unemployment / in).　　　(中央大)

Part 5 ここで差がつく難熟語 170

Unit 45
純然たる副詞句

熟語番号
979 ～ 1000

英熟語ターゲット1000［5訂版］
p.322 ～ 329

解答 別冊 p.47

Step 1　見出し熟語の意味を確認しよう！　⏱目標時間2分

① 次の熟語の意味をア～エから選べ。

1. once (and) for all　ア. 繰り返して　イ. いつもどおり　ウ. きっぱりと　エ. 順調に
2. in a row　ア. 困って　イ. 不和で　ウ. 連続して　エ. 無作為に
3. only too　ア. わずかに　イ. かろうじて　ウ. 残念ながら　エ. 今しがた
4. in person　ア. 性格は　イ. 人前で　ウ. 見た目では　エ. じかに
5. such as it is　ア. 大したものではないが　　イ. そのような訳で
　　　　　　　　　ウ. そういった場合に　　　　エ. そういうもので

② 次の日本語の意味を表す熟語になるように，空所に最も適切な語を入れよ。

1. 早くから　　　　　　　　　　（　　　）（　　　　）
2. （過去を）振り返って（みて）（　　　）（　　　　）
3. よくは知らないが　　　　　　for（　　　）I（　　　　）
4. 昔々　　　　　　　　　　　　once（　　　）a（　　　　）
5. あべこべに　　　　　　　　　the（o　　　）（　　　　）around[round/about]

Step 2　見出し熟語をさらに掘り下げよう！　⏱目標時間1分

次の語（句）とほぼ同じ意味を表すように，空所に最も適切な語を入れよ。

1. immediately　　　on the（s　　　）
2. someday　　　　　（　　　）of（　　　）days
3. usually　　　　　more（　　　）than（　　　）
4. so far　　　　　　to（　　　）
5. on the whole　　　by（　　　）（　　　）

Step 3　例文で見出し熟語の用法を押さえよう！　⏱目標時間4分

① （　　　）内から最も適する語を1つ選べ。

1. If you buy one item, you can get another (① at / ② by / ③ for / ④ in) nothing.
2. At first, I didn't think it would be difficult; if (① anything / ② ever / ③ not / ④ only), I took it to be simple.

94

3. Before I'd jogged even a few kilometers, I was already getting
(① form / ② manner / ③ sort / ④ type) of out of breath.

② 次の各文の（　　）に最も適する語をア〜エから選び，全文を和訳せよ。

1. On the (　　) of it, there are striking similarities between our plan and theirs.
2. I've become a bit tired of this game. How about trying something new for a (　　)?
3. At first I thought I liked the plan, but on second (　　), I decided to oppose it.
4. If you leave the situation as it is, I fear you'll have a big problem down the (　　).

ア. change　　　イ. face　　　ウ. road　　　エ. thought

Challenge 入試問題に挑戦しよう！　　🕐 目標時間3分

① 示された日本語の意味を参考にして，空所に最も適する語を記入せよ。

1. じかに

Look who it is! It's been ages since we spoke (　　) (　　), right?　　　　　　　　　　　　　　　　　　　　　（武庫川女大）

2. 概して

(　　) and (　　), the new measures announced by the government were well accepted.　　　　　　　　　　　（中央大）

② 日本文に合うように（　　）内の語句を正しく並べかえよ。

1. 彼はこれを最後にカナダへと帰ってしまった。

He's gone back (and / all / once / Canada / for / to).　　（愛知工大）

2. 小さな池の中の大きな魚になるほうが，その反対よりましだ。

I might as well be a big fish in a small pond (other / the / around / way / as).　　　　　　　　　　　　　　　　（西南学院大）

3. 地元住民や地元の文化への配慮は，早い時期からエジプトへのツアーや旅行プランを企画する旅行業者によって取り組まれてきた。

Sensitivity to local people and local culture (on / tackled / early / has / been) by travel agents organizing tours and travel plans to Egypt.　　　　　　　　　　　　　　　　　　　（鳥取大）

英熟語ターゲット
1000
[5訂版]
実戦問題集

別 冊 解 答

TARGET 1000

旺文社

CONTENTS

Unit 1 3
Unit 2 4
Unit 3 5
Unit 4 6
Unit 5 7
Unit 6 8
Unit 7 9
Unit 8 10
Unit 9 11
Unit 10 12
Unit 11 13
Unit 12 14
Unit 13 15
Unit 14 16
Unit 15 17
Unit 16 18
Unit 17 19
Unit 18 20
Unit 19 21
Unit 20 22
Unit 21 23
Unit 22 24
Unit 23 25

Unit 24 26
Unit 25 27
Unit 26 28
Unit 27 29
Unit 28 30
Unit 29 31
Unit 30 32
Unit 31 33
Unit 32 34
Unit 33 35
Unit 34 36
Unit 35 37
Unit 36 38
Unit 37 39
Unit 38 40
Unit 39 41
Unit 40 42
Unit 41 43
Unit 42 44
Unit 43 45
Unit 44 46
Unit 45 47

Step 1

① 1.ウ　2.ア　3.ア　4.ウ　5.エ
② 1. to date　2. dozens of　3. afraid of　4. engaged in　5. composed of

Step 2

1. in　2. on　3. couple of　4. on　5. different from

Step 3

① 1.②　2.③　3.④
⃝和訳 1. 今日，5人の生徒が学校を欠席していた。
　 2. そのとき使われた特別なゴルフボールは石の代わりに羽でできていた。
　 3. 私はずっと考えているが，いまだに自分が将来したいことがわからない。
② 1.エ　2.ウ　3.ア　4.イ
⃝和訳 1. 交通量が激しく，バスは予定どおりに運行していなかった。
　 2. 当時その色がはやっていたので，私たちの車は赤だった。
　 3. ティーナはドイツ語を含む3つの外国語を話すことができる。
　 4. 先ごろの台風は米作に大きな被害を与えた。

Challenge

① 1. dozens[tens]　2. aware[conscious]
　 1. ⃝解説 dozens of ～「数十もの～」⃝和訳 その作家はすでに次の小説に向け，数十もの新しいアイデアを持っている。
　 2. ⃝解説 *be* aware of ～「～に気がついている」⃝和訳 あなたは発表の前にこの危険性に気づいていたのですか？
② 1. The meeting should give (us plenty of time) to talk.
　 2. A (large number of people have come to the airport to see her) off.
　 3. Not (every explanation is based on facts).
⃝解説 1. plenty of ～「たくさんの～」
　 2. a (large) number of ～「たくさんの～」，see ～ off「(人)を見送る」(→785)。
　 3. *be* based on ～「～に基づいている」，not every は部分否定。

Step 1

① 1. イ　2. エ　3. エ　4. ウ　5. ウ
② 1. think　2. lead　3. refer to　4. curious about　5. responsible for

Step 2

1. on　2. search　3. consist　4. about to　5. well

Step 3

① 1. ③　2. ②　3. ④
和訳 1. あなたが何を探しているのか教えてください。そうすれば見つける手伝いができるかも
　しれません。
　2. その子供は右足の負傷にもかかわらず試合でプレーし続けると主張した。
　3. 私が理解できないのは，彼がなぜ自分の仕事に満足していないのかということだ。
② 1. ア　2. エ　3. ウ　4. イ
和訳 1. 先ごろの台風の被害は総額数十億円になると推計されている。
　2. 私は来週に予定されている英語のテストの準備をしなければならない。
　3. 明日ではなく今日しなければならないことをするのに集中したらどうですか。
　4. 私たちは皆，さまざまな理由でいろいろな人々に頼っているということを覚えておくこ
　とが大切だ。

Challenge

① 1. married to　2. about to
　1. **解説** *be* married to 〜「〜と結婚している」**和訳** 彼女はアメリカ人と結婚している。
　2. **解説** *be* about to *do*「今にも…しようとしている」**和訳** 私がプラットフォームに着
　いたとき，電車が今にも出ようとしていた。
② 1. Students (who actively engage with teachers are likely to enjoy their
　subjects).
　2. I want to hear an explanation (as to why you insist on ignoring his
　advice).
解説 1. *be* likely to *do*「…しそうである」，engage with 〜「〜と関係を築く」
　2. insist on[upon] 〜「〜を主張する」，as to 〜「〜に関して（は）」（→ 360）。

Step 1

① 1. ア　2. エ　3. イ　4. イ　5. イ
② 1. complain　2. differ from　3. graduate from　4. believe in　5. brush up

Step 2

1. about　2. find out　3. go　4. deal　5. succeed

Step 3

① 1. ①　2. ②　3. ④
和訳 1. 私の父は出かけるときにあまり服装を気にしない。
　　2. その会社はきっと最近の財政危機から立ち直るだろう。
　　3. ズリは日本学を専攻するケニアからの交換留学生だ。
② 1. ア　2. エ　3. ウ　4. イ
和訳 1. 悲しいことに，彼女のおばは40代後半に珍しい肺の病気で亡くなった。
　　2. 私はテレビを見て昨夜遅くまで起きていたので，ちょうど正午過ぎに目が覚めた。
　　3. 彼は3年前に私たちのもとを去り，それ以来彼からは連絡がない。
　　4. ボブは，自分はロサンゼルス郊外で育ち，そこでは10人のうち3人がスペイン語を話していたと言った。

Challenge

① 1. suffering from　2. brought
　1. **解説** suffer from 〜「（病気など）で苦しむ［悩む］」 **和訳** 私たちは自分で気づいているよりはるかにストレスを受けている。
　2. **解説** bring about 〜「〜を引き起こす」 **和訳** 新しいスーパーマーケットは町に多くの変化を引き起こした。
② 1. These innovations (help us deal with) water pollution.
　2. The (police won't find out where the money is) hidden.
　3. People are very attached to their language and it takes a lot to (get them to give it) up.
解説 1. deal with 〜「〜を扱う［処理する］」，help O (to) *do*「O が…するのを助ける」
　2. find out 〜「〜を見つけ出す」
　3. give up 〜「〜をあきらめる；〜を捨てる［やめる］」，get O to *do*「O に…させる」，make が不要。

5

Step 1

① 1.ア　2.エ　3.ウ　4.エ　5.ア
② 1.play, role[part]　2.out　3.on　4.think over　5.place

Step 2

1.turn　2.out　3.sure　4.off　5.put on

Step 3

① 1.③　2.②　3.④
和訳 1.私がテレビをつけたとき，私たちのチームはすでに2ゴール入れていた。
　　 2.私たちが山を登り続けるにつれて空気が冷たくなってきた。
　　 3.文法とは，私たちが単語を意味をなすように結び合わせる方法の研究だ。
② 1.ウ　2.ア　3.エ　4.イ
和訳 1.住んでいる場所によって，どのくらい長生きするかに違いが生じることがある。
　　 2.自分を落ち着かせる最善の方法の1つは深呼吸をすることだ。
　　 3.もし靴が痛かったら，あなたにできることはそれを脱ぎ，別の靴を履くことだけだ。
　　 4.申込書に書き込むときは常に注意深くすべきだ。

Challenge

① 1.put on　2.getting along[on]
　 1.解説 put on 〜「〜を（身に）つける」 和訳 私はオーバーコートを着て外出した。
　 2.解説 get along[on] with 〜「〜と仲良くやっていく」 和訳 私は人と仲良くやっていくことは自立していることと同じくらい重要だと思う。
② 1.The movie was boring at first but (it turned out to be very good).
　 2.Without your kind suggestions, I (don't think he could have carried out) this project.
　 3.We (must become more diverse if we are to play an important role in this uncertain) future.
解説 1.turn out (to be) 〜「〜であることがわかる」
　　 2.carry out 〜「〜を実行する」
　　 3.play a role「役割を演じる[果たす]」，are to play 〜は be to do（→ 740）の意図・目的を表す用法で「…するつもりである」の意味。

Step 1

① 1.ア 2.イ 3.ウ 4.エ 5.ア
② 1. enjoy 2. keep, promise[word] 3. off 4. in love 5. regard, as

Step 2

1. pay, to 2. take care 3. make up 4. lost 5. prefer, to

Step 3

① 1.③ 2.② 3.④
和訳 1. 旅行の写真を送れるように私にあなたのメールアドレスを知らせていただけますか。
2. 私たちは休暇シーズン中に旅行をしたいのなら，早く予約したほうがいい。
3. 私たちは皆，あなたから近々便りがあることを本当に楽しみにしています。
② 1.エ 2.イ 3.ア 4.ウ
和訳 1. 先日，弟は私に彼の数学の宿題を手伝うように頼んできた。
2. SNS を賢明に使えば，それには世界中の知らない人たちを友達に変える力がある。
3. 携帯電話の問題の1つは，それらは私たちがリラックスするのを妨げる可能性があることだ。
4. この歌はいつも私に田舎ですくすくと育った古きよき時代のことを思い出させる。

Challenge

① 1. making, progress 2. attention to
1. 解説 make progress「進歩［進展］する」 和訳 家ではあまり進まなかったので，図書館で勉強することに決めた。
2. 解説 pay attention to ～「～に注意を払う」 和訳 彼は上司の言うことに全く注意を払わなかった。
② 1. This poster (is to inform people of the dangers of looking at smartphones while) walking.
2. (He stood in front of the house where he and his family used to live).
解説 1. inform A of B「A に B を知らせる」。while の後に they(= people) are が省略されている。
2. used to do「…したものだった」，before が不要。

Step 1

① 1.エ 2.ウ 3.ア 4.ア 5.イ
② 1.rate 2.whole 3.at random 4.at, time 5.best

Step 2

1.more, less 2.times 3.at once 4.as possible 5.yet

Step 3

① 1.② 2.① 3.①
和訳 1.先日，誰かの傘を間違って持っていってしまった。というのもそれは私のとよく似ていたからだ。
2.私たちの先生は，毎日少なくとも少しの時間をその言語の勉強に費やすように私たちに言った。
3.ここだけの話だが，彼はギャンブルですべてのお金を失った。
② 1.ア 2.ウ 3.イ 4.エ
和訳 1.私はその映画をまったく気に入らず，マユもそうだった。
2.その子供は病気になり，結果として母親は彼女の世話をするために家にいなければならなかった。
3.手での物作りは機械による大量生産に道を譲った。
4.私たちはあるものを果物と呼ぶとき，それを野菜や肉，乳製品などと必ず区別している。

Challenge

① 1.after all 2.no means
1.解説 after all「結局（は）」和訳 私は試験に落ちると思っていたが，結局は合格した。
2.解説 by no means「全然〜ない」和訳 悪い癖は一度つくと取り除くのは決して簡単ではない。
② 1.I want (to get out of here as quickly) as possible.
2.Can you (dance as usual wearing these) shoes?
3.(That place is worth visiting at least once).
解説 1.as 〜 as possible「できる限り〜」
2.as usual「いつものように」
3.at least「少なくとも」，be worth *doing*「…する価値がある」（→ 840）

Step 1

① 1. イ　2. イ　3. ア　4. ア　5. ウ
② 1. the way　2. example[instance]　3. one thing　4. far　5. general

Step 2

1. end　2. other words　3. addition　4. far　5. no longer

Step 3

① 1. ②　2. ③　3. ②
(和訳) 1. 私は彼女に資料を提供したが，それには詳細に提案が説明されていた。
　　2. 長い目で見れば，高品質の商品を買うことはお金の節約になると私は確信している。
　　3. 他方では，私の兄は本を読んで自由時間を1人で過ごすことを好む。
② 1. ウ　2. ア　3. エ　4. イ
(和訳) 1. トムは空港に行くのにとても急いでいたので，私たちからの贈り物を忘れていった。
　　2. あなたはあんなに長い手紙を書いて，一体全体彼に何を伝えようとしているのですか。
　　3. 私たちは，すべてのことが順調にいっていると考えていたが，実際には私たちは全員間違っていた。
　　4. あなたは，将来起こるどんなことに対しても準備をしておかなければならない。

Challenge

① 1. addition to　2. So far
　1. (解説) in addition to 〜「〜に加えて」(和訳) 与えられたデータに加えて，私たち自身でより多くの情報を探さなければならない。
　2. (解説) so far「今までのところ」(和訳) 今までのところ，ロンドンへの修学旅行にはたった2人しか申し込んでいない。
② 1. The experiment (was far away from being successful).
　2. (She left the water running for a) while.
　3. It was no (doubt the only reasonable course of) action.
(解説) 1. far from 〜「〜からほど遠い」，far away とすることで，否定の意味が強調されている。
　2. for a while「しばらくの間」
　3. no doubt「おそらく，疑いもなく」，(a) course of action「一連の行動」

Step 1

① 1. エ　2. エ　3. ア　4. イ　5. ウ
② 1. from　2. ahead　3. preparation for　4. call off　5. as well

Step 2

1. spite of　2. each　3. owing　4. soon as　5. these days

Step 3

① 1. ②　2. ③　3. ②
和訳 1. 彼女を除いては誰もその数学の問題を解くことができなかった。
2. 1930 年代，多くのアメリカ人は職の機会を求めて西へと移動した。
3. 地球温暖化のために私たちの生活様式により多くの変化が起こるだろうと私は信じている。
② 1. イ　2. エ　3. ウ　4. ア
和訳 1. この本のおかげで，私は過ぎ去りし日々に起きたことをついに理解した。
2. 私は最初から彼はどこか調子が悪いとわかっていた。
3. 彼女は 5 歳のときからおばに育てられた。
4. 私の父は定年を過ぎても働き続けたいと言っている。

Challenge

① 1. In spite　2. about
1. 解説 in spite of ～「～にもかかわらず」 和訳 交通渋滞にもかかわらず，私はどうにか遅れずに劇場に到着した。
2. 解説 come about「起こる」 和訳 2 人の少年のけんかがどのようにして起こったか知っていますか。
② 1. We were (made to wait for half an hour due) to the train delay the other day.
2. (Your handwriting is so bad that I can hardly understand it).
3. It is often said that humans are distinguished from beasts (in that they act according) to their reason.
解説 1. due to ～「～のために」，使役動詞 make の受動態の文。
2. so ～ that ...「非常に～なので…」，hardly「ほとんど～ない」は助動詞 can の後に置く。
3. according to ～「～に従って」，in that ...「…の点で」（→ 760），as が不要。

Step 1

① 1. イ　2. エ　3. ア　4. イ　5. ア
② 1. over　2. pass　3. board　4. put together　5. connection with

Step 2

1. do away　2. by　3. hand in　4. once, while　5. come up

Step 3

① 1. ④　2. ②　3. ④
和訳 1. その新しい店を宣伝するために駅の正面に看板が掲げられた。
2. エリカは以前は高い所が怖かったが，今ではその恐怖を克服している。
3. 私たちは皆，伝染病の流行後に深刻な経済不況が始まるのではないかと恐れていた。

② 1. イ　2. ウ　3. ア　4. エ
和訳 1. 私は何かを暗記することは楽しいと気づいた。例えば，藤村の美しい詩などだ。
2. ジェイソンは仕事があまりにも忙しかったので，夏休みをとるのを延期すると決めた。
3. 他人の仕事にけちをつけるのは簡単だが，それはとても恥ずかしい行いだということを知るべきだ。
4. あなたは自分が家族のどちらの家系に似ていると思いますか。

Challenge

① 1. up with　2. of, importance
1. **解説** come up with ～「(解決策など)を思いつく」**和訳** サラはいつも新しいアイデアを思いつく。
2. **解説** of importance「重要な」**和訳** ほかの文化を尊重することはとても重要だ。
② 1. Those rules (should be done away with at) once.
2. We want to move to a quiet place, because we can't (put up with this noise any) longer.
3. I bought a (digital television along with several DVDs).
解説 1. do away with ～「～を廃止する」，at once「すぐに」(→ 129)
2. put up with ～「～を我慢する」，not ～ any longer「もはや～ない」
3. along with ～「～と一緒に」なので，with を補う。

Step 1

① 1. イ　2. ウ　3. ウ　4. イ　5. エ
② 1. apply　2. with　3. and over　4. the same　5. most part

Step 2

1. occasion(s)　2. above　3. on purpose　4. as, rule　5. all, sudden

Step 3

① 1. ②　2. ④　3. ③
(和訳) 1. 彼は徐々に新しい環境で落ち着き始めた。
2. その会議に出席した人たちは皆, 新しい工場を建てるという提案に同意した。
3. そう言われてみると, 私は頻繁にテレビで彼女を見たことを確かに覚えています。
② 1. ア　2. ウ　3. エ　4. イ
(和訳) 1. 多くの場合, ある言語がなくなるとそれは永久に失われてしまう。
2. 推薦状の中であなたが私に触れてほしいことは特に何かありますか。
3. その 90 代後半の老婦人は肉体的にとても健康に見え, 精神的にもまた活動的に見えた。
4. 彼女は数分前に事務用品を買いに出かけたので, 間もなく戻ってくるだろう。

Challenge

① 1. on purpose　2. in advance
　1. (解説) on purpose「わざと」(和訳) 彼女はわざと私を待たせた可能性がある。
　2. (解説) in advance「前もって」(和訳) このレストランはとても人気がある。前もって予約
　　するべきだ。
② 1. Please (remember to call me tomorrow morning).
　2. A police officer (stared me in the face all of a sudden).
　3. (This symphony is worth listening to over and over again).
(解説) 1. remember to *do*「忘れずに…する」
　2. all of a sudden「突然に, 不意に」, stare 〜 in the face「〜の顔をじっと見る」,
　　from が不要。
　3. over and over (again)「何度も繰り返し」, *be* worth *doing*「…する価値がある」
　　(→ 840), of が不要。

Step 1

① 1. ア 2. イ 3. エ 4. ウ 5. イ
② 1. free 2. lay off 3. correspond with 4. true of[about / for] 5. catch up

Step 2

1. alone 2. lay 3. hit 4. concerned 5. keep, with

Step 3

① 1. ② 2. ③ 3. ①
和訳 1. 私のおじは退職しているので，したいことを何でも自由にすることができる。
2. ホームシックはおそらく，しばらく海外に住んだことのある人なら誰にでも非常になじみのあるものであろう。
3. この島々は絶えず上昇している海に覆われてしまう可能性があるということが突然私にわかり始めた。

② 1. イ 2. ウ 3. ア 4. エ
和訳 1. 私は数学ができるほうではないので，クラスのほかの人たちに遅れずについていくのは少し難しいと感じる。
2. 彼は宿題をしているので，しばらく彼をほうっておくほうがいいだろう。
3. その事故に関する彼の説明は実際に起きたことと一致しない。
4. 危機管理能力は人が苦境に最大限対応するときに試される。

Challenge

① 1. concerned about[for] 2. let
1. **解説** be concerned about[for] ～「～を心配している」 **和訳** スーザンはよく病気になる息子の将来を心配している。
2. **解説** let alone ～「～は言うまでもなく」 **和訳** 彼女は今朝，朝食に何を食べたのかさえ思い出せない。10日前のことは言うまでもない。

② 1. Taro ran as (fast as possible to catch up with) her.
2. We hope that (the time will come when people are free) from terrorism and war.
解説 1. catch up with ～「(遅れた状態から)～に追いつく」，as ～ as possible「できる限り～」(→ 121)
2. be free from ～「～がない」，when ... は the time を先行詞とする関係副詞節。

Step 1

① 1. ウ 2. ウ 3. ア 4. エ 5. ウ
② 1. nothing 2. anxious 3. to go 4. on, air 5. on, way

Step 2

1. but 2. of 3. by chance 4. at first 5. now

Step 3

① 1. ② 2. ④ 3. ①
(和訳) 1. 私はこの種の誤解は将来，きっと再び起きるとわかっている。
　　　2. 経済不況の影響は今後何年にもわたって感じられるだろうと懸念されている。
　　　3. その地域の人々は常に将来のさらなる大地震の可能性を心配している。
② 1. イ 2. エ 3. ウ 4. ア
(和訳) 1. もしかしてあなたは彼らの名前をご存じですか。
　　　2. 感情が真実の邪魔になるとき，私たちは中立の立場で情報を処理することはできない。
　　　3. それと反対の証拠があるのに，私たちは記憶の正確さを信じがちだ。
　　　4. 結論に達し得なかったので，私たちの計画は依然として未決定である。

Challenge

① 1. bound for 2. anything
　 1. (解説) *be* bound for 〜「〜行きである」(和訳) この電車は東京行きである。
　 2. (解説) anything but 〜「全然〜ではない」(和訳) アンディは中国語を4年間勉強しているが，彼の中国語は全然上手ではない。
② 1. I came back (to Japan for the first time in) three years.
　 2. As I (had gotten tired of dealing with annoying phone) calls, I changed my phone number.
　 3. At (first he sounded excited about) the news, but later he changed his attitude completely.
(解説) 1. for the first time「初めて」，for the first time in 〜（期間）は「〜で初めて」→「〜ぶりに」。
　　　2. get tired of 〜「〜にうんざりする」，deal with 〜「〜を処理する」(→61)
　　　3. at first「最初は」，spoke が不要。

Step 1

① 1. ア 2. イ 3. ウ 4. イ 5. イ

② 1. upside 2. at, distance 3. as, fact 4. for 5. with

Step 2

1. participate 2. look 3. compensate for 4. look, as 5. from

Step 3

① 1. ③ 2. ④ 3. ④

和訳 1. 雪を頂いた富士山が遠方にはっきりと見えた。

2. 最近では多くの若い父親たちが子育てに参加している。

3. ほとんどの高校生は宿題を不快であるが避けがたい厳しい現実と見なしている。

② 1. ウ 2. エ 3. ア 4. イ

和訳 1. 私たちはよく，飛んでいるハゲタカをワシと間違える。

2. ボブはまだパーティーに来ていないが，最終的には現れるだろう。

3. リンダは先週，年老いた父の世話をするために休みを数日とらなければならなかった。

4. 今日，正確な情報を不正確なものと区別することはしばしば非常に難しい。

Challenge

① 1. after 2. up

1. 解説 look after 〜「〜の世話をする」 和訳 私たちは友人の休暇中，彼女の犬の世話をするつもりだ。

2. 解説 make up 〜「〜を構成する」 和訳 サンフランシスコ地区ではアジア人が外国生まれの人口の約半数を構成している。

② 1. The academy provides top athletes (with almost all of the services they require).

2. He was (allowed to participate in the meeting on) the condition that he remain silent.

3. My father taught (me how to tell a good fish) from a bad one.

解説 1. provide *A* with *B*「A に B を供給する」

2. participate in 〜「〜に参加する」, on (the) condition (that) ...「…という条件で」(→ 771)

3. tell *A* from *B*「A を B と区別する」, what が不要。

Step 1

① 1.イ 2.ア 3.ア 4.ア 5.エ
② 1. out 2. back 3. turn over 4. aside 5. look out

Step 2

1. give 2. consist 3. count 4. hand 5. cling to

Step 3

① 1.③ 2.② 3.④
和訳 1. ユカ，気をつけて！ 大きな車があなたのほうに向かっているよ！
2. その母親は息子の帰宅を待って一晩中起きていた。
3. とうとうその女の子は誘惑に屈し，ケーキを1切れ食べた。
② 1.ア 2.ウ 3.エ 4.イ
和訳 1. 私は彼の態度には敬服している。彼は怒りをわきに置いて，謝ったのだ。
2. すべての人間関係は相互の敬意と信頼の上に成り立っていることは間違いない。
3. 海辺を歩いている間に，私は砂から突き出ている仏像の一部を見つけた。
4. 道具製作の最初の証拠は約250万年前にさかのぼると研究で明らかになっている。

Challenge

① 1. up 2. on[upon]
　1. 解説 stay up「(寝ないで) 起きている」和訳 私はテレビを見て昨夜遅くまで起きていたので，ちょうど正午過ぎに目が覚めた。
　2. 解説 count on[upon] 〜「〜に頼る」和訳 多くの人は旅行をするとき，役立つ情報を見つけるためにスマートフォンに頼る。
② 1. Now (is the time for them to give way) to our demands.
　2. (Happiness does not consist in how many possessions you own).
　3. A widespread use of solar power in industry (has been held back because of the lack) of sunlight in winter.
解説 1. give way (to 〜)「(〜に) 屈する」
　2. consist in 〜「〜にある」，at が不要。possessions「所有物」
　3. hold back 〜「〜を制止する」。the lack of sunlight in winter は名詞句なので of を補い，because of 〜「〜のために」にする。

Step 1

① 1. イ 2. ア 3. ア 4. ア 5. エ
② 1. and down 2. at, moment 3. pride, on 4. essential to 5. yield to

Step 2

1. present 2. apt 3. inclined 4. and forth 5. first place

Step 3

① 1. ② 2. ④ 3. ③
和訳 1. あなたがどんな仕事であれ自分の職業として選んだものを誇りに思うことが大切だ。
2. その発言者はたくさんしゃべったが，言いたかったことは要するに彼はその計画に「反対」だということだった。
3. 日本の食品ロスの量は国内の食品生産量の 30％に等しいと言われている。
② 1. ア 2. ウ 3. エ 4. イ
和訳 1. あなたが雨の中で働いているのを見て，あなたを気の毒に思った。
2. とうとう守衛はその少女に同情したようで「いいよ，入りなさい」と言った。
3. 彼は誘惑に屈して，再び酒を飲み始めたようだ。
4. あなたは彼にあらゆる局面で助言を与え続けているから，ある意味では彼の人生を設計しているようなものだ。

Challenge

① 1. with 2. feeling, for 3. inclined to
1. **解説** sympathize with 〜「〜に同情する」**和訳** 私は彼女に同情するが，彼女のために何ができるかわからない。
2. **解説** feel sorry for 〜「〜を気の毒に思う」，cannot help *doing*「…せずにはいられない」（→ 674）の形だと考え feeling にする。**和訳** 私たちはタマコを気の毒に思わずにはいられない。
3. **解説** *be* inclined to *do*「…する傾向がある」**和訳** 若者は新しい電子機器を取り入れる傾向がより強い。
② 1. As a child, I (took pride in my ability to whistle).
2. She (prides herself on being such) a good cook.
解説 1. take pride in 〜「〜を誇り［自慢］に思う」
2. pride *oneself* on 〜「〜を誇り［自慢］に思う」，skills が不要。

Step 1

① 1. ア 2. エ 3. ウ 4. イ 5. ウ
② 1. in principle 2. as, were 3. in all 4. time being 5. not, mention

Step 2

1. all 2. say nothing 3. on, whole 4. for, part 5. theory

Step 3

① 1. ① 2. ① 3. ②
和訳 1. 証拠があるにもかかわらず，その男は犯罪を犯したことを否定し続けた。
2. その都市の中の建築について言えば，間違いなく相当数の必見の場所がある。
3. システム全体がまったく時代遅れだった。それでいわばそれ自体の重みで崩壊したのだ。
② 1. ウ 2. ア 3. エ 4. イ
和訳 1. もしあなたが詩人になりたいのなら，ぜひともその情熱を追求することを期待します。
2. 彼は私の誕生日がもうすぐだということを覚えているだろうか。
3. 本を批評的に読むためには読者側での十分な論証が欠かせない。
4. 私は独力でこれを修理しようとしているので，このマニュアルをすぐ近くに置いておく
必要がある。

Challenge

① 1. to say 2. all cost(s)
　1. 解説 to say nothing of 〜「〜は言うまでもなく」 和訳 彼は，イギリスはもちろん，
フランスに行ったこともある。
　2. 解説 at all cost(s)「ぜひとも」 和訳 メンバーたちはぜひともそのプロジェクトを完遂
したいと決意している。
② 1. Do you have (any advice as to how we can solve) the problem?
　2. If you are (serious about learning English, you should always keep
your dictionary close at hand).
　3. Jack is staying with (his friend for the time being) until he finds a
place of his own.
　解説 1. as to 〜「〜に関して（は）」，後に間接疑問が続いた形。
　2. close at hand「（距離・時間的に）すぐ近くに」
　3. for the time being「当分の間（は）」，when が不要。

Step 1

① 1. イ　2. ア　3. イ　4. ウ　5. エ
② 1. break up　2. ill at　3. out of　4. act on[upon]　5. give out

Step 2

1. for　2. at, ease　3. down on[upon]　4. come across　5. without

Step 3

① 1. ③　2. ②　3. ②
和訳 1. 私は皿洗いをすませたらすぐに洗濯をするつもりだ。
2. 外の足跡から，強盗が窓から押し入ったことは明らかだった。
3. 日本にはほとんど石油がないので，私たちはほぼ全面的に輸入品に依存している。
② 1. ウ　2. イ　3. エ　4. ア
和訳 1. いわゆるスペイン風邪の流行が世界的に起こったのは 1918 年だった。
2. 吉田教授，アドバイスをいただきたいので，来週のいつか研究室を訪ねてもよろしいですか。
3. 総額は 347 ドルになりますが，ここではユーロか円でもお支払いになれます。
4. この歴史的事件がどのように起きたのかということに関する簡潔な説明は，ここに整理されていると私は思う。

Challenge

① 1. out of　2. independent of[from]
1. **解説** out of order「故障して」**和訳** このコピー機は故障している。
2. **解説** be independent of[from] 〜「〜から独立している」**和訳** ジェーンは大学を卒業する前にすでに経済的に両親から自立していた。
② 1. He (looks up to his mother).
2. I (came across my former teacher while traveling in Kochi).
3. When he moved to Texas, he (felt ill at ease in) the new environment.
解説 1. look up to 〜「〜を尊敬する」
2. come across 〜「〜に偶然出会う」，former「前の，元の」，while の後に I was が省略されている。
3. ill at ease「不安で，落ち着かないで」，comfortable が不要。

19

Step 1

① 1.ア 2.エ 3.イ 4.ウ 5.イ
② 1. on 2. by 3. up 4. out 5. up

Step 2

1. off 2. turn down 3. in 4. out 5. for

Step 3

① 1.② 2.② 3.③
和訳 1. 私の父は文書全体が完璧であることを確かめるためにそれに詳細に目を通すつもりだ。
2. 駐車場の警備員は私たちの車を止めるために高く両手を上げた。
3. 明日会社に戻ったら，忘れずに報告書を提出してください。
② 1.ウ 2.イ 3.エ 4.ア
和訳 1. メアリーはテレビの電源を切ると，散歩に出かけた。
2. 今日の世界では，非常に多くの人々が著しく不適切な食事を常食としなければならない。
3. トムは体重を落とそうと長距離のランニングを始めた。
4. 彼は裏口のノックの音を聞くと，出口のほうへ進んだ。

Challenge

① 1. stand by 2. on
1. 解説 stand by ～「～を支持［擁護］する」和訳 私の両親は私がどんな決定をしても私を擁護すると言った。
2. 解説 take on ～「(様相・色・性質など) を帯びる」和訳 言語が進化するにつれて，単語は新しい意味を帯びる。
② 1. I have two sisters, but somehow I was (the one being asked by my father to go) out with him on that day.
2. If you don't have any headphones with you, please (turn down the volume[the volume down] so as to avoid disturbing others).
3. (What I can't make out) is why they let their son do it.
解説 1. go out「出かける」，being asked ～が the one を後ろから修飾する形。
2. turn down ～「(音量・火力など) を小さくする」，so as to do「…するために」(→ 759)，avoid doing「…するのを避ける」
3. make out ～「～を理解する」，recognize が不要。関係代名詞 what が導く節が主語の文。

Step 1

① 1.イ 2.ウ 3.ウ 4.ウ 5.イ
② 1. provide 2. up 3. down 4. to 5. next to

Step 2

1. all 2. get 3. object 4. by way 5. end

Step 3

① 1.① 2.③ 3.①
和訳 1. 殺人事件の容疑者はまだ逃走中だ。
2. 私たちの隣人の猫は昨日，もう少しで車にひかれるところだった。
3. どこにいようと，何か恥ずかしいことをしてしまったことを認めるのは決して楽しいことではない。
② 1.イ 2.ア 3.エ 4.ウ
和訳 1. 寒くてどんよりした天気がその家の暗い雰囲気を増加させた。
2. ジム，私はあなたが簡単にここでの新しい生活様式に順応したことに本当に感心しています。
3. 長い干ばつで，貧困地区では犯罪行為に訴える人々もいた。
4. その提案は年次株主総会で多くの批判を受けた。

Challenge

① 1. way of 2. All but[except]
1. **解説** by way of 〜「〜経由で」**和訳** ジャックは飛行機でハワイを経由してカリフォルニアに戻るつもりだ。
2. **解説** all but[except] 〜「〜以外すべて」**和訳** ピーター以外の全員は授業に時間どおりには着けなかった。
② 1. The bus (he got on is due) to arrive in ten minutes.
2. Since I was (standing next to the door, I opened it for the boy in) the wheelchair.
3. As an electrical engineer he (has set out to show how electric motors might contribute) to the reduction of carbon and energy in transport.
解説 1. *be* due to *do*「…する予定である」
2. next to 〜「〜の次の［に］」
3. set out to *do*「…し始める」, contribute to 〜「〜に貢献する」(→ 34)

Step 1

① 1.エ 2.ウ 3.ア 4.イ 5.イ
② 1. on[upon] 2. fall 3. part with 4. derive from 5. end up

Step 2

1. run 2. boast 3. adhere 4. long 5. dispose of

Step 3

① 1.② 2.③ 3.④
和訳 1. 彼女は自分を抑えることができず，その知らせを聞いて急に泣きだした。
2. ヘレンは机の引き出しを掃除しているときに何枚かの古い写真を偶然見つけた。
3. その実業家は自分の会社にとってどの方針が最善なのかを立ち止まって熟考した。
② 1.エ 2.ア 3.ウ 4.イ
和訳 1. かぎを持っている警備員を呼びにやってもらえますか。
2. ジェーンの父は，彼女がそのパーティーへ行くことに賛成しなかった。
3. 植物を餌にする動物は先端が平らな歯を持つ。
4. 以前ここにあった古い像がどうなったのか私にはまったくわからない。

Challenge

① 1. with 2. dispose of
1. **解説** interfere with 〜「〜を妨げる」**和訳** 1 週間に 21 時間以上働く大学 4 年生の半分以上は，仕事の予定が勉強の妨げになっていると述べた。
2. **解説** dispose of 〜「〜を処分する」**和訳** 個人情報を含む紙の記録文書を処分するのにリサイクル用のゴミ箱を使ってはならない。
② 1. His (advice made her decide to part with the ring).
2. A longer story (would end up getting read by) fewer people.
3. One of the biggest problems (you'll run into when having an antique watch is) that you can find few people who can repair it.
解説 1. part with 〜「(物)を(しぶしぶ)手放す」
2. end up 〜「最後には〜になる」，主語の A longer story が現実と異なる仮定を表すので，過去形の助動詞 would が使われている。
3. run into 〜「〜に偶然出会う」，when having an antique watch は接続詞のついた分詞構文。

Step 1

① 1. エ　2. エ　3. イ　4. ア　5. ウ
② 1. shut　2. slow　3. run out　4. cheer　5. wear

Step 2

1. down[back]　2. up　3. sum up　4. hand down　5. out

Step 3

① 1. ④　2. ② 　3. ①
(和訳) 1. 部屋が散らかっていたので，私は急いでそれを片づけなければならなかった。
2. 午前中は激しい雨が降ったが，夕方までには晴れそうだ。
3. ある研究によれば，人はたくさん言葉を書くほど，その内容をしっかり覚える。
② 1. エ　2. イ　3. ア　4. ウ
(和訳) 1. 私は今忙しくて動けないが，5 時までには手が空くだろう。
2. ソニーが第 1 世代の AIBO を発売したのは 1999 年のことだった。
3. 大地震の後に起きた火災で多くの家が全焼した。
4. 野球の伝説的人物，ジャッキー・ロビンソンが本塁ではなくマイクに近づいたのは，
1962 年 7 月 23 日のことだった。

Challenge

① 1. up　2. sort out
1. (解説) sum up 〜「〜を要約する」(和訳) 教授はその講義をわずか数分でまとめた。
2. (解説) sort out 〜「〜を処理する」(和訳) 心配しないでください。私たちがすぐにこの混
乱を処理しますので。
② 1. When (is the book going to come out)?
2. We must (see to it that we don't run out) of gas.
3. It was (an absolute must for us to cut down on electricity)
consumption last summer.
(解説) 1. come out「出版される」
2. run out of 〜「〜を使い果たす」，see (to it) that ... 「…するよう気をつける」
(→ 762)
3. cut down on 〜「〜（の量）を減らす」，must は「必ずすべきこと」という意味の
名詞。

Step 1

① 1. ウ　2. イ　3. ア　4. ア　5. エ
② 1. off　2. pass on　3. cut in　4. expose, to　5. leave, to

Step 2

1. give off　2. in　3. keep　4. confine　5. liken

Step 3

① 1. ③　2. ③　3. ②
和訳 1. 彼は人に見せるものが何もないので，恥ずかしかった。
　　2. この研究は多くを職場の同僚からの思慮深い意見に負っている。
　　3. 私はその新しい小説をまだ読んでいないので，結末をばらす書評は避けたい。
② 1. ウ　2. エ　3. イ　4. ア
和訳 1. 彼らが意見の違いを調整するのにはしばらく時間がかかった。
　　2. ダイエットとは一般に，体重を増やさないために低脂肪，低カロリーの物を食べることを意味する。
　　3. 私がどこに住んでいるのかおわかりでしょうから，近所にお越しの際は立ち寄ってくださいね。
　　4. 私は部屋に入ると，少しの間じっと立って，目を明るさの変化に順応させた。

Challenge

① 1. over　2. to
　　1. 解説 take over 〜「〜を引き継ぐ」和訳 その世界的なエネルギー複合企業は東京を拠点にする電力会社を買収した。
　　2. 解説 owe *A* to *B*「A を B に負っている」和訳 ジョンは成功の大部分を母親に負っている。（→ジョンの成功の大部分は母親のおかげである。）
② 1. Computers (can be compared with human brains).
　　2. Aristotle said that virtues (keep us from being swayed by) distracting passions from what is good.
　　3. (Please confine yourself to making remarks on the matter under discussion).
解説 1. compare *A* with[to] *B*「A を B にたとえる」
　　2. keep *A* from *B*「A に B をさせない」，sway「〜を揺さぶる」，distracting「注意をそらすような」
　　3. confine *A* to *B*「A を B に限定する」，under discussion「議論中で［の］」，discussing が不要。

Step 1

① 1. ウ　2. エ　3. ア　4. エ　5. ア
② 1. assure, of　2. name, after[for]　3. discourage, from　4. punish, for
　5. deprive, of

Step 2

1. forbid　2. transform　3. talk　4. strike　5. with

Step 3

① 1. ③　2. ②　3. ③
和訳 1. 私たちは昇進のことでメアリーを祝うために贈り物をした。
　2. 誰もがお金を欲しいものや必要なもの何とでも交換することができるので，お金を欲しがっている。
　3. その少女は，自分に関するうわさを広めたことで旧友を非難した。
② 1. ウ　2. ア　3. イ　4. エ
和訳 1. 心配とストレスは私たちから若々しいエネルギーと活力を奪う。
　2. あなたをこんなに長い時間待たせたことについて私を許していただけるとよいのですが。
　3. その本に関する批評を読んだ後，私はオンライン書店にそれを注文することに決めた。
　4. 私たちは必要なときはいつでも難しい1語の代わりにより易しい言葉のかたまりを使うことができる。

Challenge

① 1. from　2. for
　1. 解説 prohibit A from B「A(人)にBを禁止する」 和訳 当機では乗客の皆さまの喫煙は固く禁じられております。
　2. 解説 blame A for B「BをAのせいにする」 和訳 この仕事の失敗を私のせいにしないで。
② 1. I (talked my wife into seeing a doctor).
　2. We would like to (present you with this small) gift to express our appreciation.
　3. It's effective to (deprive criminals of their freedom as punishment for) their crimes.
解説 1. talk A into B「A(人)を説得してBをさせる」
　2. present A with B「AにBを贈る[与える]」
　3. deprive A of B「AからBを奪う」，punishment for 〜「〜に対する罰」

25

Step 1

① 1. ウ　2. ア　3. ア　4. エ　5. イ
② 1. say　2. take risks　3. take[have], seat　4. live[lead], life　5. use of

Step 2

1. make, of　2. an effort　3. take, of　4. keep[hold]
5. take[gain / get / have]

Step 3

① 1. ④　2. ③　3. ②
和訳 1. 私のおじは昔，周辺地域で海産物を売って生計を立てていた。
　　 2. 人々があいさつをする際に握手する国は世界にどのくらいあるのだろう。
　　 3. 彼女は温かい拍手に迎えられてステージに現れ，ピアノのいすに座った。
② 1. エ　2. ア　3. ウ　4. イ
和訳 1. その研究の新しい計画が頭の中で形になり始めた。
　　 2. 私はテレビで好きな映画を見たかったので，勉強に集中するのが困難だった。
　　 3. しばらく閉まっていたそのホテルは持ち主が変わったと言われている。
　　 4. 私のめいは小学1年生だが，クラス全員と仲良くなりたがっている。

Challenge

① 1. advantage of　2. way
　 1. 解説 take advantage of 〜「〜を利用する」和訳 その機会を利用して彼らのすべて
　　 の貢献に感謝するようにしなさい。
　 2. 解説 get *one's* (own) way「思い通りにする」和訳 子供がいつも思い通りにしてい
　　 たら，彼らが他人に対する思いやりを学ぶのは困難になるだろう。
② 1. Nowadays smartphones (are said to be taking the place) of personal
　　 computers.
　 2. Mr. Smith and his wife (took turns looking after their) sick baby.
　 3. I always try to (make good use of my time).
解説 1. take the place of 〜「〜に取って代わる」，take *one's* place の *one's* を of 〜
　　 で言い換えた表現。
　 2. take turns「交代でする」の後に動名詞が続く形。look after 〜「〜の世話をする」
　　 (→ 294)，before が不要。
　 3. make use of 〜「〜を利用する」，make good use of 〜とすると「〜をうまく[有
　　 効に] 利用する」という意味になる。effect が不要。

Step 1

① 1.ア　2.ウ　3.ア　4.ア　5.ウ
② 1.sensitive　2.accustomed　3.related　4.preferable to　5.way to

Step 2

1.prone　2.to　3.keep, on　4.fall, to　5.similar to

Step 3

① 1.④　2.③　3.③
和訳 1.加藤さんは英語の能力においては会社の誰よりも優れている。
2.私たちが子供のときに読む物語は，私たちの考え方や行動の仕方に強い影響を与える可能性がある。
3.ミケランジェロは食べ物に無関心で，楽しみよりもむしろ必要のために食事をしたと歴史家は言う。
② 1.エ　2.イ　3.ウ　4.ア
和訳 1.私は空港でメアリーを見かけるとすぐに彼女だとわかった。
2.スミス教授は昨年の彼の英語の授業ではスピーキング練習を重視した。
3.私は学芸員に，自分は浮世絵の画法で描かれた絵画を非常に好んでいると言った。
4.統計は日本人女性が生涯で2人未満の子供を産むことを示している。

Challenge

① 1.similar to または analogous to[with]　2.access to
1.**解説** be similar to 〜 = be analogous to[with] 〜「〜に似ている」 **和訳** 日本語の文の構造は韓国語の構造と似ている。
2.**解説** have access to 〜「〜を利用できる」 **和訳** 学校では全学生がインターネットを自由に利用できる。
② 1.Our grandparents' lifestyle (choices could have lasting effects on our health).
2.Scientific research (is dedicated to distancing humanity) from superstitions.
解説 1.have an effect on 〜「〜に影響を与える」，lasting「永続する」
2.be dedicated to 〜「〜に打ち込んでいる」，ここでの distance は「〜を遠ざける」の意味の動詞。

Step 1

① 1. イ 2. ア 3. イ 4. エ 5. ア
② 1. involved in 2. ignorant of 3. busy with[at/on]
4. considerate of[to] 5. lacking in

Step 2

1. abundant 2. wary 3. confronted with[by] 4. suitable for[to] 5. guilty

Step 3

① 1. ③ 2. ④ 3. ②
和訳 1. ユウタはコンテストで1位になったが，後になって自分はその賞にふさわしいだろうかと思った。
2. 待っている間，私はパリ在住のイギリス人に人気がある近くのワインバーを訪れた。
3. 彼に無罪の判決が下った。私たちは最初から彼の無実を確信していた。
② 1. イ 2. ア 3. ウ 4. エ
和訳 1. 彼らは互いに愛し合っており，少ないながらもあるもので満足していた。
2. 引き戸は伝統的な日本建築に特有のものである。
3. この提案は数か月前に私たちのグループがしたものとほとんど同じものだ。
4. アメリカ出身のスミス教授は，日本文学，特に小説に精通している。

Challenge

① 1. absorbed 2. equipped with
1. **解説** *be* absorbed in 〜「〜に熱中している」**和訳** ケンはギターの練習に夢中だった。
2. **解説** *be* equipped with 〜「〜を備えている」**和訳** ロバートの新車はすばらしい音楽システムとサンルーフを備えている。
② 1. My father is (involved in a campaign to prevent) power harassment.
2. The air-conditioning was (set at a temperature more suitable for men) wearing jackets and neckties.
解説 1. *be* involved in 〜「〜に携わっている」
2. *be* suitable for 〜「〜に適している」，more suitable for 〜が前の名詞 temperature を修飾する形。

Step 1

① 1.エ 2.ア 3.ウ 4.エ 5.イ
② 1. come 2. favor of 3. particular about[over] 4. in common
5. in contrast

Step 2

1. danger 2. down with 3. grateful for 4. face of 5. good

Step 3

① 1.③ 2.② 3.①

和訳 1. 私たちはこれを心にとどめておくべきだ。酒が若者の手に届かないようにしておくべきだということを。
2. 最近では，より多くの人々が大学のオンライン講座に登録し始めている。
3. 子供時代を回想するときは必ず，当時いかに幸せだったかを思わずにはいられない。

② 1.エ 2.イ 3.ア 4.ウ

和訳 1. できる限り早く私に連絡するように彼に伝えてください。
2. あなたのご要望に応じて，私どもの負担でこれらの小包をお送りします。
3. 部長は，彼らがすぐにその新しいプロジェクトを実行することを提案した。
4. 少年がその湾を見事に泳いで渡ったというニュースは私たち全員を驚かせた。

Challenge

① 1. coming, with 2. in mind
1. **解説** come down with 〜「(病気) にかかる」**和訳** 風邪をひきかけているときは，1日中疲れを感じることもあります。
2. **解説** bear 〜 in mind「〜を心にとどめておく」，ここでは目的語が in mind の後に置かれている。**和訳** 私たちは，目標を達成するため，研究の本来の目的を心にとどめておくべきです。

② 1. (It won't do you any good to) read books you don't understand.
2. (The percentage of people in favor of the reform plan has reached) a record high.
3. This lawn mower is (excellent in terms of ease) of use.

解説 1. do 〜 good「(人) のためになる」
2. in favor of 〜「〜に賛成して」
3. in terms of 〜「〜の観点から」，ease of use「使いやすさ」，place が不要。

Step 1

① 1. エ 2. ア 3. ウ 4. ア 5. ウ
② 1. sake of 2. behalf of 3. honor of 4. sight of 5. turn(s)

Step 2

1. in part 2. with[in], to 3. in, to 4. by, of 5. place of

Step 3

① 1.② 2.② 3.①
和訳 1. 子供のとき, 私は隣人の犬を散歩させることと引き換えにわずかな額のお金を稼いだ。
2. 英会話の授業では, ほとんどの生徒が間違えることを恐れて黙っていた。
3. 講演者はテレビゲームをすることではなく読書の重要性について話した。
② 1. イ 2. ウ 3. ア 4. エ
和訳 1. その職人は, 質を犠牲にして量を増やすことはできないと言った。
2. 私たちはあらゆる宗教, 人種, 国家の人々と調和して暮らすことを求めるべきだ。
3. ヨハン・フィヒテは1799年に無神論の罪でイエナ大学を解雇された。
4. 体の構造と機能から見て, 類人猿は我々人類とほとんど同じだ。

Challenge

① 1. regard[reference / respect] to 2. In exchange[return]
1. 解説 with regard[reference / respect] to 〜「〜に関して (は)」和訳 私たちの
計画に関して, 変更が必要な場合は教えてください。
2. 解説 in exchange for 〜「〜と交換に」和訳 その船乗りたちは, 毛皮と交換にヨーロッ
パの工業製品, 特にネックレス, やかん, 手おの, ナイフを提供した。
② 1. On behalf (of everyone I would like to express) our thanks to Kate.
2. I (gave up smoking for the sake of the children).
解説 1. on behalf of 〜「〜を代表して」
2. for the sake of 〜「〜のために」, give up 〜「〜をあきらめる」(→ 63), to が
不要。

Step 1

① 1. イ　2. ア　3. イ　4. ア　5. エ
② 1. at　2. meantime[meanwhile]　3. degree　4. on, rise　5. on, basis

Step 2

1. risk[stake]　2. at heart　3. at, loss　4. all likelihood　5. to, point

Step 3

① 1. ④　2. ④　3. ③
和訳 1. さらに悪いことに，父は昨晩どこかで家のかぎをなくしてしまった。
　　 2. 私が驚いたことに，私が頂上に着いたときには，３人の人がすでにそこでおしゃべりをしていた。
　　 3. 絶え間ない森林破壊は地球規模で気象状況に深刻な影響を与えるかもしれない。
② 1. ウ　2. ア　3. イ　4. エ
和訳 1. 哲学の観点からはそうかもしれないが，実際にはそれほど単純ではない。
　　 2. 最新の情報技術に精通していることは，明らかにあなたにとって都合がよい。
　　 3. 私の入った店では，陳列中の商品の価格はすべて明示されていた。
　　 4. 一見したところ，にこにこしている背の高い少年がトムだと思ったが，全然違っていた。

Challenge

① 1. in, likelihood[probability]　2. at
　 1. 解説 in all likelihood[probability]「十中八九」和訳 急速な拡張は，十中八九短期的な利益を減らすだろう。
　 2. 解説 at risk「危険な状態で」和訳 慢性疾患のある高齢者は普通，風邪やインフルエンザにかかる危険性がより高い。
② 1. I hardly know (to what extent he can be trusted).
　 2. According to United Nations world data, women live on (average 4.5 years longer than) men.
　 3. I wanted to comfort him, but (being at a loss for anything) to say, I just kept talking about whatever came into my head.
解説 1. to 〜 extent「〜の程度に」，「〜」に what（疑問形容詞）が入った形。
　　 2. on average「平均して」
　　 3. at a loss「途方に暮れて」，途方に暮れている内容を示すときは for 〜や to *do*，〈疑問詞 to *do*〉を続ける。

Step 1

① 1.イ 2.イ 3.イ 4.エ 5.ウ

② 1. what 2. from, on[onward(s)] 3. as well 4. tell, truth 5. point, view

Step 2

1. sure[certain] 2. of 3. of, accord 4. behind, times 5. out of

Step 3

① 1.③ 2.① 3.③

和訳 1. 荒れた天気の中で運転するときはいくら注意してもしすぎることはない。

2. ジョンはどんなに忙しくても，少なくとも1週間に1度は祖父母に必ず電話する。

3. 病院で待つ間，何か読む物が欲しい。おもしろければ何でもいい。

② 1.ア 2.ウ 3.エ 4.イ

和訳 1. その海岸から見た日の出は言葉にならないほど美しかった。

2. その建物の建設は今すでにかなりの間進行中だ。

3. 金曜日の夜に，毎週必ず開かれる儀式がある。

4. エミリーは30分間一生懸命走って息切れしたので，腰を下ろして休んだ。

Challenge

① 1. under construction 2. of character

1. 解説 under construction「建築［工事］中で」和訳 そのスタジアムは建築中だ。

2. 解説 out of character「(その人の)性格に合わない」和訳 そのようなことを言うなんて，まったく彼女らしくない。

② 1. John would be (the last person to) fail the examination.

2. She may (well be proud of her son).

3. Seeing something (from another person's point of view can help) a lot in solving problems.

解説 1. the last 〜 to *do*「最も…しそうでない〜」

2. may well *do*「…するのはもっともだ」，*be* proud of 〜「〜を誇りに思う」

3. from 〜 point of view「〜の視点から（は）」

Step 1

① 1.イ 2.ウ 3.ウ 4.ア 5.ア
② 1. joking aside 2. speaking[talking] of 3. judging from[by]
4. come close[near] 5. as any

Step 2

1. much[still] 2. as good 3. that, say 4. feel like 5. view to

Step 3

① 1.③ 2.③ 3.③
和訳 1. ユイは英語で話さなければならなかったのでますます緊張した。
2. もしあなたが仕事中にまた居眠りしているところを見つけたら，あなたのことを上司に言いつけますよ。
3. あれから20年たって，ジョンはほかのどんなものよりもむしろ日本食を食べたいと言っている。
② 1.ウ 2.エ 3.イ 4.ア
和訳 1. 時間はそれ自体では何の価値もない。私たちが時間をどのように活用するかということに価値がある。
2. 私たちがエレベーターで会った人物はほかならぬその有名な俳優だとわかった。
3. 週末は10時前にはほかの誰も起きていないので，ケンは自分だけで居間を使うことができる。
4. 科学技術の進歩は，私たちの中に新たな欲望を次々に生み出しているように思われる。

Challenge

① 1. needless, say 2. used[accustomed] to
1. 解説 needless to say「言うまでもなく」 和訳 言うまでもなく，水は私たちの日常生活に不可欠なものだ。
2. 解説 be used[accustomed] to doing「…することに慣れている」 和訳 私は人から命令されることに慣れていない。
② 1. I (would rather not attend the party than) wear a strange dress like that.
2. Nevertheless, the book's readers (cannot help being horrified at the portrayal of a dystopian society where a certain kind of discrimination is accepted as the norm) as once slavery was.
解説 1. would rather do than 〜「〜するよりもむしろ…したい」，not は rather の後に置く。
2. cannot help doing「…せざるを得ない」，ここでは受動態の動名詞が使われている。norm「標準」

33

Step 1

① 1.ア　2.エ　3.イ　4.イ　5.エ
② 1. if only　2. the least[slightest]　3. know, than
4. best, knowledge[belief]　5. as follows

Step 2

1. moment[minute]　2. still　3. every[each]　4. what, more
5. far, concerned

Step 3

① 1.②　2.③　3.④
和訳 1. 駅の正面にあるその新しい建物は，市内では飛び抜けて高い。
2. 一般の会社の社長と比べると，吉田氏はほとんどの人よりかなり若いと私は思う。
3. ケイはパリに住んで6か月になるので，フランス語をずっと容易に話す。
② 1.ア　2.ウ　3.イ　4.エ
和訳 1. もし音楽がなければ，私たちの生活は退屈でつまらないだろう。
2. 餓死する人の数が減ることを願って，彼はいくらかのお金を寄付した。
3. 犬は，私たち大人に注目するという点からすると人間の幼児に著しく似ている。
4. デイビスにはよくあることだが，彼は今日30分寝過ごし，授業に遅れた。

Challenge

① 1. by far　2. what is
1. 解説 by far「はるかに」 和訳 それは私が今まで聞いた中で飛び抜けて最高の曲だ。
2. 解説 what is more「さらに」 和訳 新しい規制は地域産業の保護に成功し，さらに多くの新しい仕事を生み出すことになった。
② 1. (Every time I go) there, I remember the old days.
2. I (know better than to do) such a thing.
3. What is your biggest concern (when it comes to studying) abroad?
解説 1. every time ...「…するたびに」
2. know better than to *do*「…するほどばかではない」
3. when it comes to 〜「〜のこととなると」，talks が不要。

Step 1

① 1. イ　2. ア　3. イ　4. エ　5. ア
② 1. believe, or　2. It, without　3. until, that　4. former, latter　5. true, but

Step 2

1. all　2. There, no　3. so, as　4. sooner, than　5. much, as[but]

Step 3

① 1. ④　2. ②　3. ③
和訳 1. やらなかったことを後悔しても無駄だ。
　　2. 私たちが山小屋に到着するかしないうちに雨が降り始めた。
　　3. 一般的に，何でも長く練習すればするほど，いっそう上手になる。
② 1. ウ　2. エ　3. ア　4. イ
和訳 1. 私はもういい加減に新しい靴を買ってもよいころだ。
　　2. 友情の人に対する関係は日光の花に対する関係に等しい。
　　3. 生まれながらの芸術家がいるように，生まれながらのスポーツマンもいる。
　　4. 当時，私たちは皆，伝染病の流行が終わるのに長くはかからないだろうと期待していた。

Challenge

① 1. is no　2. goes without
　1. 解説 There is no *doing*.「…することはできない。」和訳 あなたがいつライト氏に会うか言うことはできない。
　2. 解説 It goes without saying that ....「…なのは言うまでもない。」和訳 健康がお金よりも大事であることは言うまでもない。
② 1. No (sooner had I got home than the phone started ringing).
　2. (Nothing is more dangerous than talking on) a cell phone while you are driving.
　3. It (wasn't until I was twenty that I overcame my fear of water).
解説 1. no sooner 〜 than ...「〜するやいなや…する」，no sooner の後は倒置が起こる。
　　2. Nothing is more *A* than *B*.「*B* ほど *A* なものはない。」
　　3. It is not until 〜 that ....「〜になって初めて…する。」，overcome「〜を克服する」

Step 1

① 1. エ 2. ア 3. ウ 4. エ 5. イ

② 1. happen 2. supposed 3. spend 4. come to 5. remain, seen

Step 2

1. forced 2. entitled 3. tend 4. take, trouble 5. choice[alternative] but

Step 3

① 1. ① 2. ④ 3. ③

和訳 1. 知っていることと教えることは別のものだ。

2. 1830年代にサミュエル・モールスによりなされた発明は、後に電信と呼ばれることになった。

3. その少年は数時間一生懸命取り組んだ後、ついになんとかその数学の問題を解いた。

② 1. ア 2. エ 3. イ 4. ウ

和訳 1. 大気汚染や気候変動を無視する余裕のある社会はない。

2. 彼女は果たすべきだった義務を果たさなかったと言えば十分であろう。

3. 私たちが目の当たりにしているこの気候変動に対して責めを負うべきなのは、人類の活動である。

4. もう一方の手袋は決して見つからないだろうが、完璧にすばらしい片方の手袋を捨てる気になれない。

Challenge

① 1. one, another 2. but to

1. 解説 *A* is one thing; *B* is another「AとBとは別のものである」和訳 知識を得ることと、それを利用することはまったく別のものである。

2. 解説 have no (other) choice but to *do*「…するよりほかに仕方がない」和訳 接近する台風のために、私たちは海辺で過ごすのを延期するよりほかに仕方がなかった。

② 1. I (could not bring myself to tell him the bad news).

2. Young (people these days are spending less time talking with their) families.

解説 1. bring *oneself* to *do*「…する気持ちになる」

2. spend 〜 *doing*「…して（時間・期間）を過ごす」

Step 1

① 1. イ 2. イ 3. ウ 4. ウ 5. ア
② 1. in order 2. so, can 3. so that 4. on condition 5. hang up

Step 2

1. case 2. about 3. in 4. long as 5. lest

Step 3

① 1. ③ 2. ④ 3. ①
和訳 1. 彼の姉はプロの翻訳家で，それも優秀な翻訳家だ。
2. 過労やら疲労やらで，ほぼ半数のメンバーが病気になった。
3. キャプテンの説明の誠実さを疑ったチームのメンバーは，もしいてもごく少数だと確信している。
② 1. ウ 2. イ 3. ア 4. エ
和訳 1. もう1枚写真を撮りますから，もう少しの間お待ちください。
2. 部長は私たちに，先に行ってレストランの予約をするように言った。
3. ロンドンを訪れる際には，ぜひロンドン塔とビッグ・ベンを見てみなさい。
4. これは非常に複雑なので，私自身が間違いがないように気をつけます。

Challenge

① 1. as[so] long 2. in case
1. **解説** as[so] long as ...「…である限り」**和訳** 解決法が見つかる限り，誰が見つけるかは大した問題ではない。
2. **解説** in case ...「…するといけないから」**和訳** 後で雨が降るといけないから，私の傘を持っていってください。
② 1. (Now that you are an adult), you have to do it by yourself.
2. I lifted up my son (so that he could see them) dancing.
3. By the (time children reach the age) of about five, they learn how to speak their native language.
解説 1. now that ...「今はもう…なので」
2. so that 〜 can *do*「〜が…できるように」
3. by the time ...「…までに（は）」

Step 1

① 1. イ 2. イ 3. イ 4. エ 5. ア
② 1. give, try 2. having said 3. before, knows 4. fingers crossed
5. serve, right

Step 2

1. on, dot 2. scratch 3. blind eye 4. take 5. lose

Step 3

① 1. ① 2. ③ 3. ③
和訳 1. 5時を少し過ぎましたので，今日の仕事を終えましょう。
2. 私たちはシカゴへ向かう娘を見送るために空港へ行ってきたところだ。
3. 2016年，アメリカ合衆国大統領が歴史上初めて広島を訪問した。
② 1. イ 2. ウ 3. ア 4. エ
和訳 1. あなたにお願いがあるのですが。この手紙を投函してください。
2. これを隅に移動させたい。私に手を貸してくれますか。
3. 英語を自由に使いこなす力がある人は誰にも明るい未来があることは間違いない。
4. ケンは2時間近く運転してきて，疲労を感じ始めていた。

Challenge

① 1. hold 2. pay, visit
1. 解説 hold *one's* breath「息を止める」 和訳 ろうそくを吹き消す前に，息を吸い込み，
それから止めてください。
2. 解説 pay 〜 a visit = pay a visit to 〜「〜を訪問する」 和訳 今年の夏にイタリア
旅行をするときに，私を訪ねてくれませんか。
② 1. Could you have her (call me back as soon as) possible?
2. He ran (all the way to the station to see her) off.
3. (Let me give you a hand) with the box.
解説 1. call back (〜)「(〜に) 折り返し電話する」，「〜」が代名詞なので call 〜 back の
語順にする。as 〜 as possible「できる限り〜」(→ 121)
2. see 〜 off「(人)を見送る」，all the way「ずっと」(→ 118)
3. give 〜 a hand「〜に手を貸す」，to が不要。

Step 1

① 1. ア　2. イ　3. ウ　4. エ　5. ア
② 1. come, think　2. not least　3. have[take], at　4. see much　5. pull, leg

Step 2

1. much[highly]　2. How come　3. fed, with　4. think again　5. pleasure

Step 3

① 1.③　2.④　3.③
和訳 1. 彼がそうしてきた極貧の中で暮らすことがどんなものか，あなたにちょっと想像してもらいたい。
2. 「あなたは夕方までにこれを終えてしまっていると思いますか」「いいえ，残念ながらそうは思いません」
3. 私の弟は，先日英語で自分の言うことを相手にわかってもらうのに苦労したと言った。

② 1. ア　2. ウ　3. エ　4. イ
和訳 1. メアリーの誕生日に彼女に何を買ってあげるべきか見当がつかない。
2. 今日会う予定の女性は私の顔も知らない。
3. ゆっくりこの階段を降りてください。雨の後でとても滑りやすいですから。
4. 要点は，私たち全員が明日の朝10時までに必ずそこにいなければならないということだ。

Challenge

① 1. My pleasure　2. treat
1. 解説 My pleasure.「どういたしまして。」和訳 「ご親切に助言をありがとう。」「どういたしまして。」
2. 解説 treat A to B「A(人)にB(食事など)をおごる」和訳 来月，給料をもらったら両親に夕食をごちそうするつもりだ。

② 1. I wonder (what the country I'm traveling to is) like.
2. Please (help yourself to anything in the refrigerator).
3. (How come she was so unhappy)?
解説 1. What ... like?「…はどんなものか。」，間接疑問なのでwhatの後は〈主語＋動詞 〜〉の語順に。
2. help *oneself* to 〜「〜を自由に取る」
3. How come ...?「どうして…か。」，how come の後は平叙文の語順になることに注意。why が不要。

Step 1

① 1. エ　2. イ　3. エ　4. ア　5. イ
② 1. to stay　2. match for　3. cut out　4. beside, with　5. kidding me

Step 2

1. account　2. it off　3. odds　4. ears　5. all, rage

Step 3

① 1. ③　2. ④　3. ②
和訳 1. 忘れずにあなたのお父さんにくれぐれもよろしくとお伝えください。
2. 気分が悪いときや悲しいとき，私たちの脳は特に誘惑の影響を受けやすい。
3. 伝説によると，想像上の生き物である河童（かっぱ）がかつてこの辺りの川に住んでいたということだ。
② 1. ア　2. ウ　3. エ　4. イ
和訳 1. 本日ご来店のお客様はどなたでも割引される資格があります。
2. 彼女はとても批判に弱いので，彼女をそれ以上動揺させるかもしれないことは何も言わないように。
3. その映画は 3 時間近く続くが，何回も見る価値があると私たち全員の意見が一致している。
4. 票の買収で逮捕されたその政治家は再選に懸命だったように思われた。

Challenge

① 1. Watch, step　2. committed to
1. 解説 watch *one's* step「足元に注意する」和訳 足元に気をつけて。道が滑りやすくなっています。
2. 解説 *be* committed to ～「～に献身する」和訳 アメリカ人は，ほかのどの国の国民よりも変化に力を注ぐ。
② 1. The sense (of sight is susceptible to manipulation).
2. I wonder (whether all of these books are really worth) reading.
3. Sales in Japan (account for about one-third of company profits).
解説 1. *be* susceptible to ～「～の影響を受けやすい」, manipulation「ごまかし」
2. *be* worth *doing*「…する価値がある」
3. account for ～「(割合など)を占める」, profit「利益」

Step 1

① 1. ウ 2. エ 3. ア 4. ア 5. イ
② 1. attend 2. dispense 3. discriminate against 4. count for 5. yearn

Step 2

1. comply 2. aspire 3. submit[surrender] 4. embark on[upon]
5. abide by [adhere to]

Step 3

① 1.② 2.① 3.③
和訳 1. 世界中を巡ることは物事の新しい見方を可能にする。
2. 私たちは真夜中にここで大声で話すのを慎むべきだ。
3. 彼が自分の要求に固執するなら，私たちは意見の一致に至れないだろう。
② 1. イ 2. ア 3. ウ 4. エ
和訳 1. 今日では多くの普通の人がインターネット経由で株を扱っている。
2. 私たちは野球シーズンの始まりと一致するように旅行を手配した。
3. 連日の夜更かしは彼の健康に影響し始めていた。
4. 準備は完璧だと思っていたが，物事は私たちが期待していたようにはうまくいかなかった。

Challenge

① 1. consent to 2. settle for
1. 解説 consent to 〜「〜に同意する」 和訳 突然の面会にご同意いただいて本当にありがとうございます。
2. 解説 settle for 〜「(不十分ながら) 〜で我慢する」 和訳 彼らはその時計を100ドルで売りたがっているが，50ドルで我慢するかもしれない。
② 1. I will (refrain from letting my mind wander).
2. As a writer the first thing you need is (to work out who reads your books).
3. Her (rich experiences enable her to cope with difficult issues whenever) they arise.
解説 1. refrain from 〜「〜を慎む」
2. work out 〜「〜を解決する，〜の答えを出す」
3. cope with 〜「〜をうまく処理する」，enable O to *do*「O が…するのを可能にする」

Step 1

① 1. エ 2. ア 3. ウ 4. イ 5. ウ
② 1. up 2. down to 3. out on 4. follow through 5. let down

Step 2

1. single out 2. round up 3. away with 4. make good 5. make believe

Step 3

① 1. ③ 2. ② 3. ③
(和訳) 1. この探偵小説はおそらく結末が本当に意外なので人気が出た。
2. 彼は，気がつくとずっと前に別れた女性のことをよく考えていると言う。
3. 警察は強盗が窓から侵入したかもしれないという可能性を排除した。
② 1. エ 2. ウ 3. イ 4. ア
(和訳) 1. そろそろこの会議を終わりにするころだと思います。
2. 患者は，医師が何でも知っているのを当然だと思いがちだが，そうだろうか。
3. そんな盛大なパーティーをやってのけるにはたいへんな組織力と労力が必要だったに違いない。
4. すべての料理人はすばらしい農産物を夢見ているが，ほとんどの人は市場で手に入るもので間に合わせている。

Challenge

① 1. get away 2. ends meet
1. (解説) get away with ～「(罰を受けずに) ～をうまくやる」(和訳) 私たちは今回，彼のうそを見逃すつもりはない。
2. (解説) make ends meet「収入内でやりくりする」(和訳) 収支を合わせるのは決して容易なことではない。
② 1. I do not (want to let down my supporters [my supporters down] by losing the) game.
2. (I took it for granted that he would agree with me).
3. As Gregor Samsa awoke one morning from uneasy dreams, he (found himself transformed in his) bed into a gigantic insect.
(解説) 1. let down ～「～を失望させる」
2. take ～ for granted「～を当然のことと思う」, ここでは形式目的語が使われている。agree with ～「(人が) (人・考えなど) に同意する」(→ 226)
3. find *oneself* ～「(気がつくと) ～にいる [～である]」, transform *A* into *B*「A を B に変える [変質させる]」(→ 510)

42

Step 1

① 1. イ　2. イ　3. イ　4. ウ　5. ウ
② 1. of age　2. into account　3. in the　4. put, to　5. long way

Step 2

1. go of　2. pains　3. to light　4. come, handy　5. abreast of[with]

Step 3

① 1. ①　2. ④　3. ③
和訳 1. 私たちは成功するために全力を尽くしたが，プロジェクトは目標に達しなかった。
2. プライバシーに関する改正法が今年の1月1日に施行された。
3. 新しい会社が顧客の期待に添うことはそれほど容易なことではない。
② 1. ア　2. ウ　3. エ　4. イ
和訳 1. 社長は部長の助言に注意を払わず，間違いを犯した。
2. 彼の母親は彼に旅行中に使ったすべてのお金を把握しておくように言った。
3. 不公平な契約にサインをしたことで，社長は彼の会社が倒産に向かう道を開いてしまった。
4. 子供たちがある年齢を過ぎたら親から独立するべきだというのはもっともなことである。

Challenge

① 1. live up　2. hold true[good]
1. **解説** live up to 〜「(期待など) に添う」**和訳** 私は彼らの期待に添うように最善を尽くした。
2. **解説** hold true[good]「当てはまる」**和訳** このルールはすべてのケースには当てはまらない。
② 1. Architects must take the needs (of elderly people into account).
2. Now that you have (got hold of the general) idea, let me give you some examples.
3. Each person needs to (come to terms with stress in) his or her own way.
解説 1. take 〜 into account「〜を考慮に入れる」
2. get hold of 〜「〜をつかむ」, now that ...「今はもう…なので」(→ 766)
3. come to terms with 〜「〜と折り合いがつく」

Step 1

① 1. ア 2. ウ 3. エ 4. イ 5. エ
② 1. dare 2. handful 3. yet[still] 4. even with 5. eye for

Step 2

1. suit 2. on, nerves 3. better of 4. own 5. host

Step 3

① 1. ④ 2. ④ 3. ③
(和訳) 1. 彼は試験に落ちたことを不運のせいにした。
2. 最近では多くの学生が海外留学したがっていると聞いて私はうれしい。
3. 私はこれまでにかなりの数の自己啓発本を読んできて，それらから多くのことを学んだ。
② 1. イ 2. ア 3. ウ 4. エ
(和訳) 1. 私たちが中学生だったとき，よく歴史の先生にいたずらをした。
2. 私たちが感情を抑えられるようになる伝統的な方法は，座って瞑想することだ。
3. 彼女の手紙からはあまり多くのことが伝わってこないが，行間を読むと彼女は悲しいのだとわかる。
4. 野生動物保護官は，死んだ動物の胃の中に歯ブラシを含むあらゆる種類のものを見つける。

Challenge

① 1. getting, nerves 2. home to
1. (解説) get on 〜's nerves「〜の神経にさわる」，turn down 〜「(音量・火力など)を小さくする」(→ 403) (和訳) 音楽の音量を下げてください。神経にさわります。
2. (解説) bring A home to B「A(ある事柄)をB(人)に痛感させる」，長い目的語Aが後ろに置かれた形。(和訳) 健康診断の結果を見て，自分の不摂生を痛感した。
② 1. Twenty years after writing the first chapter, Tom (has yet to finish) his book.
2. (Quite a few people think taking a walk every day is) a good way to keep fit.
(解説) 1. have yet to do「まだ…していない」
2. quite a few 〜「かなりの数の〜」

Step 1

① 1.イ 2.イ 3.ア 4.エ 5.イ
② 1. in earnest 2. every other 3. right, rain 4. go around[round]
   5. nothing, of

Step 2

1. out, question 2. issue 3. upward(s) 4. second 5. out of

Step 3

① 1.② 2.③ 3.②
和訳 1. 自分自身を調子よくしておきたければ，あなたは毎日運動する必要がある。
    2. 彼はまたトラブルになっているようだが，そうした問題はすべて彼自身が引き起こした
       ものだ。
    3. 彼女はちょっとした歌手だが，彼女の歌は今では時代遅れだ。
② 1.エ 2.イ 3.ア 4.ウ
和訳 1. 非常に多くのことが危うくなっているので，私たちは間違えることができない。
    2. ユウタには毎月のお小遣いとして自分の自由に使えるお金が平均5千円ある。
    3. 過去40年で，アメリカ人1人当たりの収入は倍以上になった。
    4. 移動中の人々のスマートフォン使用を規制する法律か何かが必要だとは思いませんか。

Challenge

① 1. in shape 2. in, for 3. for, rainy
   1. 解説 in shape「調子がよくて」和訳 あなたはいつも精力的に見えます。健康を保つた
      めに何をしているか教えてください。
   2. 解説 in store for ~「~のために用意して」和訳 今夜のパーティーでは彼女のために
      いくつかサプライズを用意している。
   3. 解説 for a rainy day「（将来の）まさかの時［緊急時］に備えて」，used to *do*「…
      したものだった」(→106) 和訳 父はまさかの時に備えてお金を貯めておくのが賢明だと
      私に言ったものだった。
② 1. He (travels to London on business [on business to London] every
      other) week.
   2. The apple pie (at this restaurant is second to none).
   解説 1. every other ~「1つおきの~」
       2. second to none「誰［何］にも劣らない」

Step 1

① 1. ア　2. ウ　3. ウ　4. ア　5. エ
② 1. as such　2. at, convenience　3. pros, cons　4. elephant, room
　　5. within, distance

Step 2

　　1. but for　2. first hand　3. along　4. white　5. regardless of

Step 3

① 1. ④　2. ②　3. ①
和訳 1. ジミーは長年にわたって私と親しい間柄である。
　　2. 報奨金として，勝者は勝利の数に比例してお金をもらった。
　　3. 市の直近の仕事ぶりが適例だ。すなわち，市は迅速な対応を約束するが，何か月もかかる。
② 1. エ　2. ア　3. ウ　4. イ
和訳 1. 「難しい！」泣きそうになって，1人の生徒が叫んだ。
　　2. 私は彼女の指示に従って，私自身で彼に会いに行った。
　　3. 私が不規則な時間に働かねばならないという事実は，ジャーナリストであることの不可
　　　分の要素だと私は思う。
　　4. たくさんの友人が1人の人を急に訪問するのは失礼だと一般には考えられている。

Challenge

① 1. regardless[irrespective] of　2. As of
　　1. 解説 regardless[irrespective] of 〜「〜に関係なく」和訳 郵便配達人は天気に関係
　　なく毎日郵便物を配達することを期待されている。
　　2. 解説 as of 〜「〜の時点で」和訳 2014 年末の時点でその会社の利益は 100 億円を超
　　えていた。
② 1. He (has been on good terms with) his father lately.
　　2. Volunteers are (needed for two days a month at their) convenience.
　　3. The rise in crime in this area (is in direct proportion to the rise in
　　　unemployment).
解説 1. on 〜 terms with ...「...と〜の関係［間柄］で」
　　2. at 〜's convenience「〜の都合のよいときに」
　　3. in proportion to 〜「〜に比例して」, crime「犯罪」, direct proportion「正比
　　例」, unemployment「失業者数」

Step 1

① 1.ウ 2.ウ 3.ウ 4.エ 5.ア
② 1. early on 2. in retrospect 3. all, know 4. upon, time 5. other way

Step 2

1. spot 2. one, these 3. often, not 4. date 5. and large

Step 3

① 1.③ 2.① 3.③
和訳 1. 商品を1つ買えば，無料でもう1つもらえます。
2. 最初，私はそれが難しいとは思わなかった。どちらかと言えば，それは簡単だと思った。
3. 2，3キロも走らないうちに，私はすでにちょっと息が切れ始めていた。

② 1.イ 2.ア 3.エ 4.ウ
和訳 1. 見たところ，私たちの計画と彼らの計画には著しい類似点がある。
2. 私はこのゲームに少し飽きてきました。気分転換に何か新しいのをやってみるのはどうですか。
3. 最初は私はその計画が気に入ったと思ったが，考え直してそれに反対することにした。
4. もし状況を今のままにしておけば，あなたはやがて大きな問題を抱えるだろうと私は懸念している。

Challenge

① 1. in person 2. By, large
1. 解説 in person「じかに」 和訳 誰かと思えば！　私たちが直接会って話してからずいぶんたちますね。
2. 解説 by and large「概して」 和訳 概して，政府が発表した新しい対策は広く受け入れられた。

② 1. He's gone back (to Canada once and for all).
2. I might as well be a big fish in a small pond (as the other way around).
3. Sensitivity to local people and local culture (has been tackled early on) by travel agents organizing tours and travel plans to Egypt.

解説 1. once and for all「きっぱりと，これを最後に」，go back to ～「～へ帰る」
2. the other way around「逆に」，might as well do A as B「BするくらいならAするほうがましだ」（→ 666）
3. early on「早い時期に，早くから」，sensitivity「配慮」，tackle「～に取り組む」，travel agent「旅行業者」